거리의 이야기꾼 전기수

사진 제공

경기도박물관 : 131쪽 「송시열 초상」 | **국립중앙도서관** : 130쪽 『임경업전』
국립중앙박물관 : 6쪽 「담배 썰기」, 44쪽 『심청전』, 131쪽 「임경업 초상」 | **국립진주박물관** : 106쪽 호패
규장각한국학연구원 : 22쪽 『삼국지』 | **삼척시립박물관** : 86쪽 『소대성전』
서울역사박물관 : 106쪽 『춘향전』, 호패 | **유교문화박물관** : 106쪽 호패 | **조흥윤** : 45쪽 「판수독경」

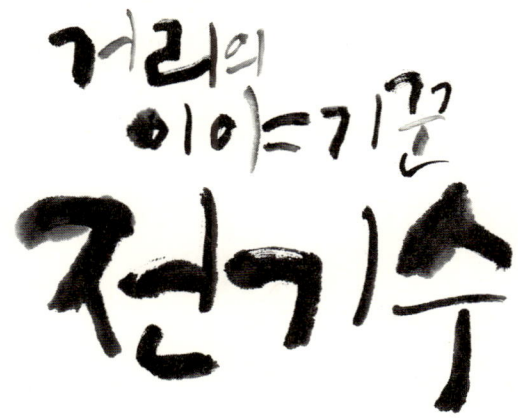

거리의 이야기꾼 전기수

글 정창권 | 그림 김도연

사계절

• 머리말 •

조선 시대 이야기꾼 전기수를 찾아서

조선 시대 정조 임금이 다스리던 무렵, 한양 교동에 있는 시장 어귀에서 어떤 사람이 선 채로 이야기책(소설)을 낭독하고 있었어요. 그 이야기꾼은 자기가 마치 선비라도 되는 양 흰 두루마기를 걸치고 정자관을 쓰고 있었지요. 정자관은 원래 공부하는 선비들이 방 안에서 쓰는 모자였는데, 그 사람은 특이하게 집 밖에서도 정자관을 쓰고 있었어요. 자기가 꽤 학식 있는 사람이라는 걸 보여 주기 위해서였지요. 또 한 손에는 책을 펼쳐 들고, 다른 한 손에는 부채를 들었어요. 하지만 책은 그냥 멋으로만 들고 있고, 실제로는 전혀 보지 않고 외워서 낭독하고 있었어요.

이야기꾼 앞에는 차림새가 허술한 청중이 빙 둘러서 있었어요. 앞줄의 몇몇 사람은 뒤에 선 사람들이 잘 볼 수 있도록 쭈그리고 앉아 있었고요. 이야기를 듣고 있는 이들은 대개 양반 댁의 머슴과 여종, 홀로 사는 노인, 코흘리개 아이, 그리고 다리 밑에 사는 거지처럼 가난하고 못 배운 사람들이었어요.

이야기꾼은 문장에 가락을 붙여 마치 시를 읊듯이 소설을 낭독하고 있었어요. 뿐만 아니라 소설에 등장하는 인물들의 행동과 말투를 연극배우처럼 그대로 흉내 냈는데, 그 모습이 어찌나 실감 나는지 듣고 있으면 누구라도 이야기 속에 푹 빠지게 마련이었어요. 그래서일까요. 이야기꾼을 둘러싸고 있던 청중은 이야기 중간에 자기도 모르게 훌쩍훌쩍 울거나, 박수를 치면서 환호성을 지르곤 했어요.

이 이야기꾼은 바로 '전기수'였어요. 전기수는 '기이한 이야기를 전해 주는 노인'이라는 뜻인데, 거리에서 사람들을 모아 소설 읽어 주는 일을 직업으로 삼은 사람을 일컬었어요. 요즘으로 치면 구연동화 선생님이라 할 수 있겠지요.

그런데 왜 이런 독특한 직업이 생겨났을까요? 조선 시대 후기에는 이야기책인 소설이 매우 유행했어요. 남자와 여자, 어른과 아이, 양반과 상민 할 것 없이 누구나 소설을 읽고 싶어 했지요. 그래서 책을 빌려 주는 세책가가 성행하고, 싼값에 찍어 낸 방각본 소설까지 나왔어요. 날마다 한양 거리를 뛰어다니며 책을 파는 조신선 같은 책장수도 많았고요.

하지만 여전히 글을 읽을 줄 모르는 문맹자가 많았고, 책값이 워낙 비싸서 책을 빌리거나 사서 보기가 쉽지 않았어요. 또 그

김홍도의 풍속화 「담배 썰기」

무렵에 지어진 소설은 눈으로 읽는 것보다 입으로 소리 내어 읽는 게 훨씬 재미있었고요. 김홍도의 풍속화에도 보면, 시골 사랑방에서 목청 좋은 사람이 부채를 살랑살랑 부치며 소설을 낭독하고, 동네 사람들이 일하면서 흥겨운 표정으로 그 소리를 듣고 있는 모습이 나와요. 그러다 보니 소설을 전문으로 낭독해 주는 전기수라는 새로운 직업이 등장했던 거예요.

　조선 시대에 전기수는 아주 인기 있는 직업이었어요. 전기수가 거리에서 자리를 잡고 소설을 낭독하려 하면, 어느새 사람들이 구름처럼 모였어요. 심지어 부유한 아낙네들은 남편 몰래 전기수를 집 안으로 불러들여 소설을 낭독시키기도 했어요. 전기수는 비록 지체 높은 임금이나 큰 공을 세운 장수는 아니었지만, 그 무렵의 백성들 사이에서 없어서는 안 될 중요한 사람들이었답니다.

　이 책은 바로 그러한 전기수에 관한 이야기예요. 전기수는 어떻게 살았는지, 어떻게 낭독 일을 했는지를 김옹, 이자상, 이업복같이 실제 한양에서 활동했던 전기수들의 삶을 바탕으로 꾸몄어요. 다만 자세한 내용은 작가가 역사 사실을 참고하여 적절히 채워 넣거나 조금씩 바꾸어서 재미있게 지어냈어요. 예를 들면, 이야기의 마지막에서 주인공 이자상이 죽는 장면은 다른 전기수 살해 사건을 끌어와 결합한 거랍니다. 또 이자상이 짓고 낭독한 것으로 나오는 『임경업전』은 조선 시대 후기에 전기수들이 많이 낭독한 책인데, 누가 언제 지었는지는 알려져 있지 않아요.

　자, 그럼 이제부터 조선 시대 거리의 이야기꾼 전기수의 세계로 떠나 볼까요.

2013년 6월 **정창권**

 • 차례 •

머리말
조선 시대 이야기꾼 전기수를 찾아서 … 4

안방의 소설 읽는 소리 … 10

나도 전기수가 되고 싶다 … 24

이야기 속에 푹 빠져라 … 46

이야기책 낭독 대결 … 64

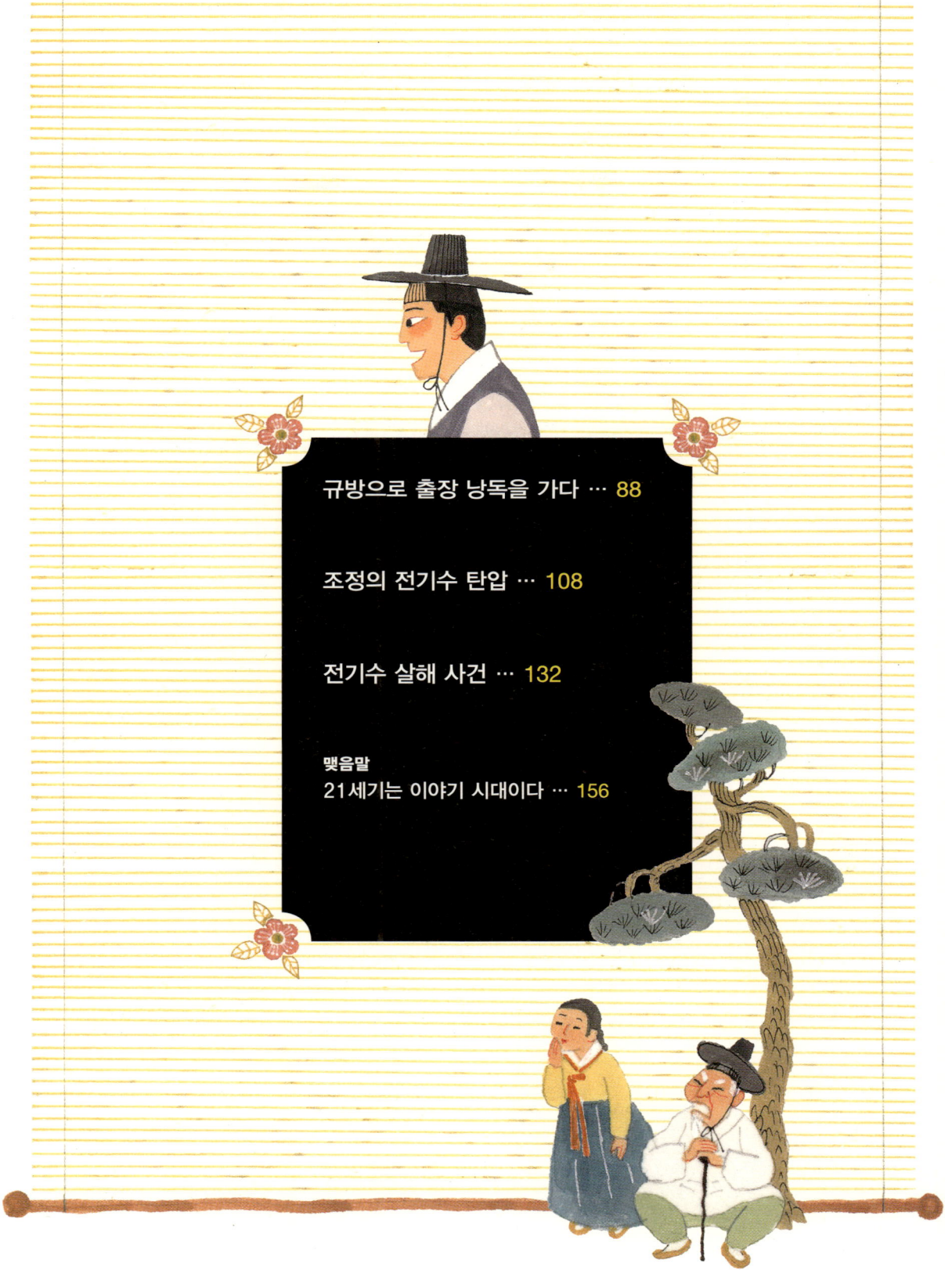

규방으로 출장 낭독을 가다 … 88

조정의 전기수 탄압 … 108

전기수 살해 사건 … 132

맺음말
21세기는 이야기 시대이다 … 156

안방의
소설 읽는 소리

중인 이자상

"찌르르, 찌르르."

가을 저녁, 귀뚜라미 울음소리가 마당을 가득 채우고 있었어요. 한창 혈기 왕성한 나이인 열여덟 살의 청년 자상은 건넌방에 홀로 앉아 경전을 읽고 있었어요. 하지만 턱을 손에 괸 채 억지로 앉아 있고, 목소리도 아주 심드렁했지요.

"공자께서 말씀하시길 '배우고 때로 익히니 기쁘지 아니한가? 벗이 있어 먼 곳에서 찾아오니 또한 즐겁지 아니한가? 남이 알아주지 않더라도 화내지 않으니 또한 군자답지 아니한가?' 후유, 지겨워! 그래서 나더러 뭘 어떡하란 말이야."

자상은 책을 확 덮어 버리고는 멍하니 앉아 등잔불만 바라보았어요.

자상의 집은 한양의 북악산 아래 삼청동에 있었어요. 이곳은 경복궁과 그 주변의 관아와 가까웠기 때문에 서리 같은 하급 관리들이 주로 살았어요. 서리는 한 집안에서 대물림하여 맡곤 했지만, 수입이 적었어요. 자연히 그들의 생활은 넉넉하지 못했고 아내들의 바느질품으로 겨우 살림을 꾸려 가곤 했지요. 자상의 아버지도 관아에서 서리로 일하고 있었는데, 부부와 세 자식이 먹고살기엔 턱없이 부족한 형편이었어요.

게다가 서리를 비롯한 중인들은 평민과 양반의 중간에 있는 신분층이었어요. 중인은 아무리 능력이 뛰어나도 과거를 볼 수 없게 법으로 정해 놓았기 때문에 양반들처럼 높은 관직에 오를 수 없었어요. 그래서 자기들끼리

시 모임을 만들어서, 가끔씩 경치 좋은 산에 올라가 술을 마시고 시를 지으며 마음속 울분을 달래곤 했지요. 자상의 아버지도 관아에서 서리로 일하는 틈틈이 시 모임에 나갔어요. 하지만 자상은 그러한 아버지의 삶을 별로 좋아하지 않았어요.

아버지는 늘 자상에게 입버릇처럼 말하곤 했지요.

"양반집 자식들처럼 부지런히 경전을 공부해서 나중에 이 애비처럼 서리라도 되거라. 그럼 최소한 식구들 밥은 굶기지 않을 게다."

그때마다 자상은 마음속으로 생각했어요.

'아아, 고작 양반들 뒤치다꺼리나 해 주며 살아야 하나? 차라리 구걸을 할지언정 떳떳하게 살고 싶다!'

그래서 자상은 아버지가 집에 있을 때는 억지로라도 경전을 읽었지만, 평소에는 소설을 비롯해 다양한 책들을 이것저것 구해 읽었어요. 그러다 보니 아버지와 사이가 별로 좋지 않았어요. 아버지는 사내대장부가 아녀자들이 좋아하는 소설 따위를 읽는다고 종종 야단쳤지요.

『삼국지』와 제갈공명

이날도 자상은 아버지에게 야단맞기 싫어서 억지로 『논어』를 읽고 있었어요. 하지만 한 구절도 채 읽지 못하고 공상에 빠져 버렸지요.

그때 안방에서 누이동생이 소설을 읽는 소리가 들려왔어요. 여느 날처럼 삯바느질을 마친 어머니에게 누이가 소설을 읽어 주고 있었는데, 가만히 들어 보니 『삼국지』의 제갈공명과 사마의가 대결하는 장면이었어요.

공명이 성문 위에 올라 멀리 바라보니, 과연 위나라 군사들이 희뿌연 먼지를 일으키며 몰려오고 있는지라. 공명은 얼른 성문 위의 모든 깃발을 거두게 하고, 여러 장수들에게도 성문을 굳게 지키고 태연하게 행동하되 만약 두려워 소리치는 자가 있으면 목을 베라고 하니라. 또 성문을 활짝 열어 놓도록 하고, 백성들에게는 성 앞을 청소하되 위나라 군사들이 가까이 오더라도 절대로 두려운 기색을 보이지 말라고 하니라. 그러고는 난간에 의지하여 향을 피우면서 여유 만만하게 거문고를 켜기 시작하니라.

누이는 문장에 가락을 붙여 제법 유창하게 읽어 나갔어요. 어머니는 귀 기울여 듣고 있다가 가끔씩 손으로 무릎을 치며 장단을 맞추었어요.
"얼쑤! 우리 딸 잘 읽는다."
그러다가 이야기 중간에 훈수를 두기도 했어요.
"저러다 사마의가 눈치채고 성안으로 쳐들어오면 우리 공명 님은 어떡하누?"
어머니는 벌써 이야기에 푹 빠져 상상의 나래를 펼치고 있었던 거예요.

이때 사마의가 군사를 이끌고 성 아래로 달려와 바라보니, 과연 공명이 성문 위에 태연히 앉아서 얼굴에 웃음을 머금고 향을 피우며 거문고를 켜고 있는 게 아닌가. 게다가 공명의 왼쪽에는 어린 동자가 보검을 들고 서 있고, 오른쪽에는 다른 동자가 먼지떨이를 들고 서 있느니라. 또 성문 안팎에는 스무 명의 백성들이 빗자루를 들고 태연히 길을 쓸고 있는 게 아닌가. 순간 사마의는 덜컥 겁이 나서 군사들에게 빨리 물러가라 하니라. 그러자 사마의의 둘째 아들 사마소가 아뢰기를,

"공명이 군사가 없어 일부러 저런 꾀를 부리고 있는지도 모르는데, 아버지께서는 왜 군사를 물리려 하십니까?"

"공명은 평소 조심성이 많아 그런 꾀를 부릴 위인이 아니다. 저건 분명 군사를 숨겨 놓고 우리를 유인하려는 것이다. 그것도 모르고 나아갔다가는 그의 꾀에 빠지고 만다. 너 같은 어린놈이 어찌 그걸 알겠느냐. 잔말 말고 속히 군사를 물리도록 하라!"

이윽고 사마의는 군사를 거느리고 스스로 물러나니라.

그때 어머니는 또다시 손뼉을 치며 좋아했어요.

"어리석은 사마의! 이번에도 우리 공명 님의 꾀에 넘어가고 말았구나, 하하하."

누이도 맞장구를 치며 말했어요.

"역시 우리 공명 님의 머리는 비상하셔!"

그렇게 소설 읽는 소리와 웃음소리로 안방의 모녀는 한없이 즐거워 보였어요.

여태까지 가만히 앉아서 이야기를 듣고 있던 자상은 더는 참을 수가 없었어요. 그는 자리를 박차고 일어나 안방으로 달려갔지요. 그러고는 다짜고짜 누이에게서 소설책을 빼앗으려 들며 말했어요.

"그걸 지금 낭독이라고 하느냐? 내가 한번 제대로 읽어 주마."

하지만 누이도 뺏기지 않으려고 책을 손에서 놓지 않았어요.

"안 돼! 아버지께서 아시면 어쩌려고 그래? 또 소설을 읽다가 들키면, 오라버니는 집에서 쫓겨나고 말 거라구!"

그 말에 어머니도 걱정스러운 얼굴로 말했어요.

"그래. 지난번에도 소설을 읽다가 들켜서 집안이 발칵 뒤집히지 않았느냐. 어서 네 방으로 가서 경전이나 부지런히 읽거라."

"경전은 이제 질렸어요. 제가 정말 재미있게 소설을 읽어 드릴게요."

그러고는 누이에게서 책을 휙 빼앗아 등 뒤로 감추고는 슬며시 웃으며 말했어요.

"어머니, 공명이 왜 그런 꾀를 부렸는지 궁금하시지요?"

결국 어머니도 두 손을 들고 말았어요.

"그래, 알았다. 얼른 읽기나 하거라."

자상은 "흠흠!" 하고 목소리를 가다듬고 큰 소리로 『삼국지』를 낭독하기 시작했어요. 서너 구절씩 운율에 맞출 뿐 아니라, 때로는 등장인물의 말투와 행동까지 흉내 내면서 제법 실감 나게 읽어 주었지요.

 사마의가 물러간 뒤 모든 신하들이 공명에게 묻기를,

"사마의는 유능한 장수이고 군사들도 매우 많은데, 저렇게 서둘러 물러간 이유는 과연 무엇입니까?"

공명이 껄껄껄 하고 크게 웃으면서 대답하기를,

"사마의는 평소 내가 조심성이 많기 때문에 설마 그런 꾀를 부릴 거라고는 생각지도 못했을 것이다. 태평한 내 모습을 보고는 반드시 숨겨 둔 병사가 있으리라 짐작하고 재빨리 물러난 것이지. 사실 나도 큰 위험을 무릅쓰고 이번 꾀를 썼느니라."

공명의 말을 듣고 모두 놀라움을 금치 못하고 말하기를,

"과연 공명 님의 생각은 정말 기발하십니다. 우리 같으면 진즉 성을 버리고 도망쳤을 것입니다."

하니라.

그리고 나서 자상이 손에 침을 묻혀 책장을 넘기려 할 때, 어머니가 또다시 방금 읽은 대목을 두고 누이와 얘기를 나누었어요.

"하하하, 사마의가 정말 보기 좋게 당하고 말았구나."

"예, 어머니. 이번에도 사마의가 제대로 당하고 말았어요. 역시 우리 공명 님이야. 아, 어디 공명 님 같은 사내 없을까? 그럼 당장이라도 시집가고 싶은데, 호호호."

누이가 이렇게 말하고 행복한 상상에 빠져들자, 자상이 누이의 이마에 꿀밤을 주며 말했어요.

"예끼, 녀석아! 아직 나이도 어린 것이 별소리를 다 하네."

"아얏! 나도 이제 다 컸단 말이야, 치!"

소설은 사람에게 큰 재앙이니라

"어머니, 그럼 계속해서 읽겠습니다."
 자상이 『삼국지』를 다시 읽기 시작할 즈음이었어요. 덜커덩 대문이 열리고, 술에 취한 아버지가 비틀거리며 집 안으로 들어서고 있었지요. 식구들은 그것도 모르고 계속 이어지는 자상의 낭독 소리에 푹 빠져 있었어요.
 그때 갑자기 방문이 벌컥 열리면서 우렁찬 호통 소리가 방 안에 울려 퍼졌어요.

"대체 뭣들 하고 있는 게야!"

얼굴이 벌겋고 몸을 건들거리는 걸 보아하니, 아버지는 오늘도 시 모임에 나가서 술을 거하게 마시고 들어온 모양이었어요.

"네 이놈, 자상아! 내가 두 번 다시 소설을 읽지 말라 하지 않았더냐. 사내자식이 경전을 읽을 것이지, 어찌 아녀자들이 좋아하는 소설 따위나 읽는단 말이냐?"

그런데 오늘따라 자상도 쉽게 물러서지 않고 고개를 꼿꼿이 든 채 아버지에게 대들었어요. 요즘 그도 청년이 되어서인지 아버지에게 반발심이 부쩍 커졌지요.

"소설이 뭐가 어때서요? 저는 경전보다 소설이 백 배 천 배 더 재미있던데요."

"뭐라고? 소설은 새빨간 거짓말에 불과하다. 게다가 소설은 음란한 짓, 도둑질하는 법이나 가르치는 아주 나쁜 것이야."

그 시기 양반 남성들은 이야기책인 소설을 아주 못마땅하게 여겼어요. 여자들이 그러한 소설에 빠져 집안일을 게을리하고, 심지어 돈을 주고 소설을 빌려 보면서 재산을 축낸다고 말이에요. 자상의 아버지도 같은 생각이었지요.

화가 난 아버지가 다시 자상에게 큰 소리로 말했어요.

"당장 소설책을 갖고 나가 불태워 버리지 못할까?"

그러자 어머니가 끼어들어 조용히 말렸어요.

"여태 경전을 읽다가 방금 건너와 소설을 읽기 시작한 거예요. 그러니 자상이를 너무 나무라지 마시구려. 또 소설은 세상일을 본뜬 것이라 얼마나 도움을 많이 주는데요. 지혜도 주고 교훈도 주고요."

"그까짓 소설이 무슨 도움을 준다고 그러시오."

"정 못 믿겠으면 당신도 한번 읽어 보시구려."

"쓸데없는 소리 하지 마시오! 배고프니 어서 저녁이나 차려 주구려."

그러고는 사랑방으로 들어가며 다시 말했어요.

"자상이 너는 한 번만 더 소설을 읽다가 들키면 당장 집에서 쫓겨날 줄 알아라."

그러자 어머니와 누이는 밥상을 차리기 위해 재빨리 부엌으로 들어가고, 자상은 답답한 마음으로 옷깃을 탁탁 털고 일어나 자기 방으로 돌아갔어요.

중국 대륙을 휩쓴 영웅호걸 이야기
삼국지

『삼국지』는 중국에서 가장 많은 사람들이 읽은 소설이에요. 원래 제목은 『삼국지연의』이지요. 『삼국지』는 조선 시대에 우리나라에 들어와 번역되었는데, 그때는 물론이고 지금도 큰 인기를 누리는 작품이에요. 대체 어떤 내용이기에 그렇게 인기가 많았던 걸까요?

역사책 『삼국지』가 소설 『삼국지연의』가 되다

『삼국지연의』는 원나라가 망하고 명나라가 등장하는 시기에 살았던 나관중이 쓴 작품이에요. 나관중은 소설과 극본을 여러 편 쓴 재능 있는 작가였는데, 진수가 쓴 역사책인 『삼국지』의 내용을 바탕으로 사건을 넣고 이야기를 꾸며 소설 『삼국지연의』로 새로이 탄생시켰어요. 『삼국지연의』는 거대한 중국이 혼란에 휩싸인 뒤 위나라·촉나라·오나라의 삼국으로 나뉘었다가 다시 통일되는 100년 동안의 역사를 배경으로 하고 있어요.

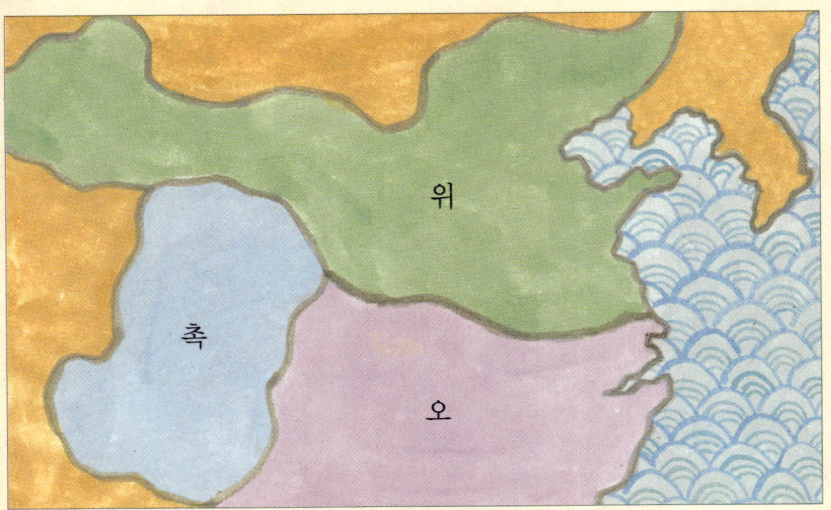

한나라가 지배하던 중국 대륙은 서기 220년부터 위·촉·오 세 나라로 갈라져 삼국 시대를 이루었다.

조선에서 가장 인기 있었던 중국 소설

『삼국지』는 임진왜란 이전부터 우리나라에 들어왔고, 곧바로 한글로 번역되어 여성들 사이에서 널리 읽혔어요. 특히 『구운몽』의 작가 김만중은 "『삼국지』는 우리나라에서 크게 유행하여 어린아이와 여자들까지 모두 외울 수 있을 정도였다."고 했어요. 『삼국지』는 우리나라에 들어온 중국 역사 소설 가운데 가장 인기 있는 작품이었지요.

『삼국지』의 인기 비결은 무엇이었을까

『삼국지』의 인기 비결은 무엇보다도 실제 역사를 바탕으로 만든 이야기가 사람들에게 실감 나게 다가갔기 때문이에요. 또한 작품에는 유비, 관우, 장비를 비롯해서 조조, 제갈공명 같은 멋진 영웅이 많이 나오지요. 무예와 지혜를 갖춘 뛰어난 인물들이 서로 힘을 겨루며 어지러운 세상을 헤쳐 가는 이야기 속에 삶의 지혜도 듬뿍 담겨 있고요.

『삼국지』의 주인공 유비, 관우, 장비는 복숭아밭에서 의형제를 맺었는데, 이를 '도원결의'라고 한다.

나도 전기수가 되고 싶다

종로 운종가

이튿날, 자상은 답답한 마음에 집을 나와 종로 쪽으로 발걸음을 옮겼어요. 모처럼 세상 구경도 하고 이야기책도 빌리고 싶었기 때문이에요. 자상은 여성들 못지않게 소설 읽기를 무척 좋아했어요. 그래서 어젯밤 아버지의 경고에도 아랑곳하지 않고, 누이를 대신해 세책가로 소설을 빌리러 가는 길이에요.

자상은 삼청동에서 내려와 종로를 따라 운종가로 왔어요. 운종가는 한양에서 제일 큰 시장이었는데 쌀, 비단, 종이, 모자 따위를 파는 가게들이 지붕을 잇대고 길게 줄지어 있었어요.

자상은 쉴 새 없이 고개를 좌우로 두리번거리며 세책가를 향해 걸어갔어요. 거리에는 온갖 물품들이 쌓여 있고, 오가는 사람들로 발 디딜 틈이 없었어요. 자상은 정신이 하나도 없었지만, 방 안에만 있을 때보다 마음이 훨씬 편했어요.

바로 그때, 어떤 남자가 다가와 자상의 손목을 덥석 잡으며 물었어요.

"뭘 찾고 계시우?"

깜짝 놀란 자상은 겁먹은 표정으로 대답했어요.

"아니, 특별히 찾는 건 없는데요."

"흠! 보아하니 양반 댁 도련님 같은데, 혹시 문방구를 찾고 계십니까? 제가 기가 막히게 좋은 붓을 파는 곳을 아는데, 그리로 가십시다."

"됐소. 난 붓을 사러 나온 게 아니오. 딴 데 가서 알아보시오."

"아하, 알겠다. 그럼 이거군요."

남자는 긴 담뱃대를 입에 물고 뻐끔뻐끔 담배 피우는 시늉을 하며 말했어요. 그러면서 자상의 소매를 잡고 어디론가 데려가려 했어요.

"아니, 난 그딴 거 필요 없소. 어서 이 손 놓으시오."

당황한 자상은 남자의 손을 홱 뿌리치고 성큼성큼 앞으로 걸어 나갔어요.

'휴, 하마터면 저자에게 끌려갈 뻔했군!'

자상을 끌고 가려던 사람은 바로 여리꾼이었어요. 여리꾼은 손님을 상점으로 데려가 흥정을 붙여 주고 상점 주인에게서 삯을 받는 사람인데, 자상의 어리숙한 모습을 보고 냉큼 달려들어 바가지를 씌울 속셈이었나 봐요.

이야기꾼 김옹

이윽고 자상이 운종가의 한복판인 종각을 지나가는데, 많은 사람들이 누군가를 둘러싸고 있는 모습이 보였어요. 자상이 궁금하여 가까이 다가가서

그 안을 들여다보니, 나이 많은 전기수가 자리를 잡고 앉아 있는 게 아니겠어요. 그는 마치 선비처럼 흰 두루마기를 입고 머리엔 정자관을 쓰고 있었어요. 전기수를 둘러싸고 있는 사람들은 차림새가 꾀죄죄한 머슴이나 여종, 군졸, 거지, 장사치들이었어요. 또 어린아이들과 젊은 아낙들도 몇몇 눈에 띄었고요.

"소설을 읽기 전에 짧은 옛이야기 하나를 들려주겠소.「구두쇠 이동지」라는 이야기요. 자, 모두 들을 준비가 되셨는가?"

"예, 얼른얼른 해 주시오."

사람들은 어서 이야기를 해 달라고 아우성쳤어요. 전기수는 "흠흠!" 목소리를 가다듬고 이야기를 시작했지요.

"옛날 한양에 이동지라는 자가 있었지. 이 사람은 동네 사람들이 혀를 내두를 정도로 천하의 구두쇠인데, 팔자가 좋아 평생 부자로 살았어. 욕심도 많아서 죽을 날이 얼마 남지 않았을 때까지 돈을 가슴에 품고 살았지."

"저런 미련한 놈을 봤나. 저승에까지 돈을 가져갈 줄 알았나 보지."

청중은 가끔씩 이야기에 훈수를 두기도 했어요.

"그 말이 백 번 맞소. 하나, 천하의 구두쇠 이동지도 죽어서는 단 한 푼도 못 가져간다는 걸 알게 된 거지. 그래서 죽음을 앞두고 자식들을 모아 놓고는 유언을 남겼어."

전기수는 마치 자기가 구두쇠 이동지인 것처럼 기력이 다한 표정과 목소리로 말했어요.

"내 평생 돈만 알고 살았던 것이 후회스럽다. 그러니 내가 죽거들랑 양손을 쫙 펴 놓고, 관 좌우에 구멍을 뚫어 그 손을 사람들에게 내보이도록 하거라. 내가 돈을 산처럼 쌓아 놓고도 빈손으로 간다는 사실을 모두 알도록 말이다."

전기수는 다시 자세를 바로잡고 본래의 자기 목소리로 말했어요.

"자식들은 유언을 거역할 수 없어 아버지가 시킨 대로 장례를 지냈어. 시신의 손을 펴고 관 밖으로 내놓은 채 장례를 치른 거지. 이 소식을 전해 들은 다른 구두쇠들도 '아, 과연 그렇구나.' 하고 재산을 모두 자식들에게 공평히 물려주었다고 해. 어때, 댁들도 구두쇠 이동지의 말에 따라 나중에 재산을 자식들한테 공평히 물려주고 가실 텐가?"

"당연히 그래야죠."

"하이고, 난 물려줄 재산이나 있었으면 좋겠소!"

"맞소, 하하하!"

누군가의 익살스러운 대답에 모든 사람들이 맞장구를 치며 큰 소리로 웃었어요.

짧은 옛이야기 한 편을 마친 전기수는 긴 담뱃대에 담뱃잎을 꾹꾹 재웠어요. 그러자 곁에 있는 한 소녀가 부싯돌을 쳐서 불씨를 만들어 담뱃대에 붙여 주었지요. 하지만 전기수는 몇 번 빨지 않아 목이 막히는지, 콜록콜록 하고 계속 기침을 해 댔어요. 건강이 좋지 않았던 거예요.

자상은 곁에 서 있는 댕기 머리 소년에게 물었어요.

"얘야, 저 노인이 누구냐?"

소년은 이상하다는 표정으로 자상을 올려다보며 대답했어요.

"도련님은 시골에서 올라왔소? 그 유명한 이야기꾼 김옹도 몰라요? 옛이야기도 잘하지만, 이야기책도 얼마나 잘 읽는데요."

자상이 살짝 얼굴을 붉히며 소년에게 또 물었어요.

"그럼 저기 예쁜 소녀는 누구냐?"

"저 예쁜 누나! 선화라고, 김옹의 외동딸이래요."

솜씨 좋은 전기수의 딸이라는 생각에 자상은 그 소녀를 유심히 쳐다보았어요. 나이는 자기보다 서너 살 어린 것 같았지만, 얼굴이 동글하고 이마가 넓어 제법 예뻤고, 눈매가 또렷하여 아주 총명하고 다부져 보였어요. 자상은 저도 모르게 가슴이 콩닥콩닥 뛰었어요.

'선화라……. 이름도 아주 예쁘구나!'

자상이 한참 동안 빤히 바라보고 있어서인지, 선화도 자상의 눈길을 알아채고 그를 살짝 쳐다보았어요. 선화와 눈이 마주치자 자상은 멋쩍게 씩 웃었어요. 선화는 놀랍고 부끄러워 눈만 말똥말똥 뜨고 있었지요.

이윽고 담배를 다 피운 김옹이 책 한 권을 꺼내 들고 힘겹게 자리에서 일어났어요. 서로 잡담을 나누고 있던 사람들도 하나둘씩 입을 다물었지요.

김옹은 한 손에 책을 펼쳐 든 채 본격적으로 이야기책을 낭독하기 시작했어요. 그런데 희한하게도 책은 보지 않고 입으로 외워서 낭독했어요. 궁금한 자상이 아까 댕기 머리 소년에게 다시 물었어요.

"책은 왜 들고 있는 거냐? 보지도 않으면서……."

"어떤 전기수가 책을 보고 낭독해요? 다 외워서 하는 거지. 이 이야기가 책에 나온다는 걸 보여 주려고 일부러 들고 있을 뿐이라고요."

김옹은 문장에 가락을 붙여 시를 읊듯이, 노래를 부르듯이 유창하게 이야기책을 읽어 나갔어요. 게다가 내용에 따라 온갖 흉내까지 내 가면서 아주 실감 나고 재미있게 낭독했지요. 그 이야기는 자상이 지금껏 들어 보지 못한 신선하고 흥미로운 내용인 데다, 김옹의 낭독 솜씨는 자상이 도저히 따라 하기 힘들 만큼 멋졌어요. 사람들은 모두 가슴 졸이며 듣고 있다가 자기도 모르게 눈물을 흘리거나, 심지어는 흑흑 흐느껴 울기까지 했어요. 그

이야기꾼 김옹

김옹은 정조 임금 때의 아주 유명한 이야기꾼이자 전기수였어요. 본명은 김중진이고, 별명은 오이물음이었어요. 이가 죄다 빠져서 마치 오이를 물고 있는 것처럼 보였기 때문에 사람들이 그를 조롱하여 '오이물음'이라 불렀던 거지요.

김옹이 들려주는 이야기에는 세상을 비판하고 풍속을 바르게 하는 의미가 깃들어 있었다고 해요. 김옹은 「황새결송」, 「세 선비의 소원」, 「구두쇠 이동지」 같은 유명한 이야기를 지었는데, 그중에서 「황새결송」과 「세 선비의 소원」은 김옹이 나중에 소설로 다시 만들었답니다. 그 무렵 이야기꾼들은 남이 쓴 이야기만 낭독한 것이 아니라, 새로운 이야기를 직접 짓기도 했던 거예요.

럴수록 김옹은 흥이 나서 더욱 목청 높여 낭독했지요.

이때에 심 황후(심청)가 아버지를 만나려고 맹인 잔치를 벌여 놓고 천하 맹인들이 오는 대로 이름과 나이를 물어보는데, 아버지 심학규의 이름은 아무리 해도 들을 수 없는지라. 몽은사의 부처님이 눈을 뜨게 하시었나? 그사이에 고생을 이기지 못해 세상을 떠나시었나? 걱정이 많아 밥을 못 먹고 잠을 못 자더라. (……) 이내 심 봉사를 인도하여 구슬발 앞에 앉히거늘, 심 황후가 자세히 보니 엄연한 아버지라. 어찌 천륜을 잊을 수 있으리오. 심 황후가 왈칵 밖으로 나가 심 봉사의 손을 잡고,

"아이고, 아버님! 인당수 제물로 팔려 갔던 심청이 살아왔소."

심 봉사가 뜻밖에 이 말을 들으니, 황후인지 궁녀인지 누군지는 모르나 심청이라는 말만 듣고 눈을 번뜩이고 손으로 더듬으며,

"이것이 웬 말이냐? 내 딸 심청이는 인당수 제물로 팔려 가 분명히 죽었는데, 이것이 정말 웬 말인가? 죽어서 혼이 왔나? 누가 나를 기롱하나? 자세히 말을 하소."

심 황후가 눈물을 흘리며 아버지 얼굴을 만지면서,

"하늘이 감동하여 저는 살아왔는데, 부처의 영험이 없어 아버지는 아직 눈을 못 떴으니, 목소리로 짐작하시오."

심 봉사가 들어 보니 목소리는 분명 심청이라 그 손목을 꽉 잡으며,

"아이고, 이게 꿈이냐. 꿈이거든 깨지 말거라. 아니, 귀신이냐. 귀신

이면 날 잡아가거라.”

심 황후가 손을 들어 심 봉사의 눈을 씻으면서,

“내 효성이 부족하여 내 목숨은 살아나고 아비 눈은 못 떴으니, 이 몸이 다시 죽어 옥황상제께 호소하여 아버지 눈을 띄우리다.”

하더라.

김옹은 한참 동안 정신없이 낭독하다가 별안간 이야기를 뚝 그쳤어요. 그러자 이야기 속에 흠뻑 빠져 있던 청중이 “아!” 하고 탄식하며 몹시 아쉬운 표정을 지었지요.

“에잇! 그렇게 중요한 대목에서 이야기를 끊나그래.”

누가 이렇게 말하면서 김옹 앞으로 엽전 한 닢을 던지니, 다른 사람들도 너나없이 엽전을 꺼내 던지기 시작했어요. 한 푼을 던지는 사람도 있고, 두 푼을 던지는 사람도 있었지요. 자상도 얼른 엽전 한 닢을 던졌어요. 아까 그 소년이 빈손으로 돈을 던지는 시늉만 하자, 자상은 빙긋이 웃으며 소년의 몫까지 한 닢을 더 던져 주었어요.

어느새 김옹 앞에는 돈이 수북이 쌓였어요. 자상은 그의 교묘한 상술에 감탄하지 않을 수 없었어요. 실제로 그 무렵 전기수들은 이야기가 가장 재미있는 대목에 이르면 입을 꼭 다물어 버려 청중이 돈을 던지게 만들었는데, 이것을 일컬어 ‘요전법’이라 했답니다.

김옹은 비로소 목청을 가다듬고 이야기책을 마저 낭독했어요.

심 봉사가 깜짝 놀라,

"내 딸이 살아오니 눈 못 떠도 상관없다. 청아! 죽지 마라, 죽지 마라."

심 봉사가 계속 눈을 희번덕거리더니 갑자기 두 눈이 환하게 밝았구나. 하나, 심청이의 목소리만 알지 얼굴이야 알 수 있나. 뜻밖에 눈을 떠 보니 화려하고 위엄 있는 한 부인이 곁에 앉았구나. 깜짝 놀라 돌아앉아 하는 말이,

"내가 정녕 꿈꾸고 있지?"

심 황후가 붙들면서,

"아버님은 어찌 모르시오. 내가 바로 심청이오."

심 봉사가 깜짝 놀라,

"인당수에 빠져 죽지 않고 살았다는 말도 신통한데, 촌구석의 맹인 딸이 황후가 되었단 말이 세상에 어디 있는가?"

심 황후가 눈물을 닦고 그간의 일을 낱낱이 고하니 심 봉사가 크게 기뻐하며,

"얼씨구, 신통하다!"

벌떡 일어나서 두 팔을 벌리고 덩실덩실 춤을 추니, 수만 명 맹인들이 그 소식을 듣고 머리를 조아리며 절하되,

"천하의 효녀로 아버지 눈을 띄웠으니, 우리들 눈도 띄옵소서."

네 번씩 절하고 일어나니, 수만 명 맹인들이 여름 하늘의 번갯불같이 여기서 번쩍 저기서 번쩍 일시에 다 눈을 뜨는구나.

전기수는 아무나 되는 게 아냐

드디어 김옹의 낭독이 끝나자, 사람들은 마치 자신이 심청이나 심 봉사라도 되는 양 흐뭇한 표정으로 자리를 떴어요. 김옹은 아까처럼 바닥에 주저앉아 담배를 피웠지요. 한참 동안 목청을 높여 낭독해서 그런지, 몹시 피곤한 데다 안색도 창백해 보였어요. 선화가 대신 앞으로 나와 바닥에 떨어져 있는 돈을 주웠어요.

자상의 가슴속에는 아까 김옹이 들려준 이야기의 여운이 아직도 남아 있었어요. 순간, 그의 머릿속에 번뜩 떠오르는 것이 있었어요.

'아! 나도 전기수가 되고 싶다.'

사실 자상은 소설을 아주 좋아했고, 아까 김옹이 낭독하는 모습을 지켜보면서 재미있는 이야기로 사람들을 웃고 울리는 일이 매우 멋있다는 생각이 들었어요. 또 잘만 하면 돈도 제법 많이 벌 수 있을 것 같았고요. 자상은 담배를 피우고 있는 김옹에게 다가가 은근히 물었어요.

"어르신, 방금 낭독한 이야기책이 뭐예요? 정말 재미있던데요."

"얼마 전에 새로 나온 『심청전』이란 소설이지. 효성이 지극한 심청이 맹인 아버지의 눈을 뜨게 하려고 공양미 삼백 석에 팔려 가 인당수에 몸을 던진다는 이야기라네."

이리하여 서로 말문을 트자, 자상이 여러 말 없이 곧바로 부탁했어요.

"저도 전기수가 되고 싶습니다. 제자로 받아 주십시오!"

그러나 김옹은 딱 잘라 말했어요.

"뭐? 그런 쓸데없는 소리를 할 거면 저리 가게!"

"저는 이야기책도 많이 읽었고, 소리 내어 읽는 것도 잘합니다. 제게 이야기책 낭독법을 조금만 가르쳐 주신다면, 정말 인기 있는 전기수가 될 수 있을 겁니다."

"쯧쯧, 전기수는 아무나 되는 게 아닐세. 글을 잘 읽어야 하지만, 목청도 좋고 흉내도 잘 내야 하지. 남들 앞에 서려면 배짱도 있어야 하고, 또 전기수가 사람들한테 인기는 많을지 몰라도, 그만큼 인생살이가 순탄치 않다네. 평생 길거리에서 살아야 하고, 벌이도 일정하지 않고 말이야. 게다가 전기수는 판소리꾼보다도 평판이 좋지를 않아."

당시 판소리꾼은 양반들이 낮잡아 보는 직업이긴 했지만, 그래도 나라에서 인정하는 예술가였어요. 판소리는 일반 백성들부터 지엄하신 임금님에 이르기까지 두루 사랑을 받았거든요. 또 잘만 하면 명창이라는 소리도 듣고 임금 앞에 불려 가 벼슬을 받기도 했고요. 하지만 전기수는 주로 글을 읽지 못하는 백성들이나 집 안에 있는 여자들이 좋아했기 때문에 그리 좋은 평가를 받지 못했답니다.

그래도 자상은 고집스럽게 말했어요.

"아무 상관 없습니다. 저는 꼭 전기수가 되고 싶습니다. 만약 제자로 받아 주시지 않는다면, 매일같이 어르신의 이야기판을 쫓아다니며 어깨너머로라도 배울 겁니다."

"예끼, 쓸데없는 소리 말고 저리 가라니까!"

김옹은 큰 소리로 호통치고 나서, 숨이 가쁜지 콜록콜록 연신 기침을 했어요.

자상은 물러나지 않고 돈을 줍고 있는 선화에게 다가가 함께 주우며 물었어요.

"낭자, 내일은 어디서 낭독을 하오?"

"오늘 종각에서 했으니까, 내일은 아마 초교에서 할걸요."

자상은 반갑게 웃으며 말했어요.

"하하하, 고맙소! 내일도 찾아오리다."

"도련님 마음대로 하시어요."

선화도 자기 아버지처럼 무덤덤하게 대답했어요.

자상은 자기가 주운 돈을 선화에게 건네주었어요. 그때 두 사람의 손끝이 살짝 닿았지요. 그러자 선화는 화들짝 놀란 표정을 지으며 아버지 곁으로 쪼르르 가 버렸어요. 자상은 선화의 그런 모습이 무척 귀여워 보였어요.

김옹이 자리에서 일어나 지팡이를 짚고 먼저 길을 나서며 말했어요.

"선화야, 어서 가자. 애비 시장하구나."

"예, 아버지."

선화는 돈주머니를 챙겨 들고 얼른 아버지 뒤를 따라갔어요.

광통교의 세책가

자상은 들뜬 마음으로 다시 광통교의 세책가를 향해 달려갔어요.

청계천에 놓인 가장 큰 다리인 광통교 부근에는 세책가와 글씨나 그림을 파는 서화 가게가 많았어요. 세책가는 몰락한 양반들이 먹고살기 위해 운영하는 경우가 많았는데, 사람들에게 흥미를 끌 만한 소설을 갖춰 놓고 빌려 주었어요. 주된 고객은 한글을 깨친 여성들이었어요. 여성들은 비녀나 팔찌, 화로, 솥처럼 값나가는 물건을 담보로 맡겨 놓고 책을 빌릴 때마다 한두 푼의 돈을 냈답니다.

세책가에 도착한 자상은 먼저 지난번에 누이가 빌려 온 『삼국지』를 돌려주었어요.

"북부 삼청동 이 서리댁, 『삼국지』 반납이오."

그러자 주인이 장부에 붓으로 줄을 그어 반납했다고 표시했어요.

"자, 됐네."

"아저씨, 이번엔 『심청전』을 빌리고 싶은데요."

자상은 누이가 빌려 오라는 『삼국지』의 다음 권 대신 아까 김옹이 낭독했던 『심청전』을 빌리려고 했어요. 그런데 주인이 고개를 가로저으며 말했지요.

"『심청전』은 새로 나온 책인 데다 인기가 많아서 진작 다 빌려 가 버렸다네. 지금 점찍어 두면 며칠 뒤에 빌릴 수 있겠지만, 당장 필요하다면 책장수나 책방에 가서 구해야 할 걸세. 다른 세책가도 마찬가지일걸."

"후유!"

실망한 자상은 길게 한숨을 내쉬고 세책가를 나올 수밖에 없었어요. 전기수가 되려면 맨 먼저 낭독 대본인 『심청전』부터 다 외워야 했기 때문이에요. 자상은 정말 하루라도 빨리 전기수가 되고 싶었어요.

그때 저 멀리서 이쪽으로 바쁘게 뛰어오는 사람이 보였어요. 키가 장대같이 크고 붉은 수염이 나 있어서 멀리서도 쉽게 눈에 띄었지요. 외모가 특이한 그 사람은 책장수 '조생'으로, 항상 품속에 책을 넣고 뛰어가다시피 빠른 걸음으로 한양 거리를 누비고 다녔어요. 게다가 세월이 지나도 전혀 늙어 보이지 않아서, 사람들은 그가 늙어 죽지 않는 신선 같다 하여 '기이한

책장수 조신선'이라고 불렀답니다. 자상도 이전에 몇 번 그를 본 적이 있었지요.

  자상은 마침 잘되었다 싶어 반가운 마음에 조생을 불러 세웠어요.

  "아저씨, 잠깐만요. 혹시 『심청전』 가지고 있나요?"

  조생은 한참 동안 품속을 뒤적거리더니 책 한 권을 꺼내 자상의 눈앞에 내밀며 말했어요.

  "옜다! 다행히 딱 한 권 남았구먼."

  "와, 정말 『심청전』이네! 이리 주세요. 제가 살게요."

  자상은 주머니를 탈탈 털어 제법 큰 돈을 주고 책을 샀어요. 그러고는 마음속으로 굳게 다짐했어요.

  '꼭 전기수가 되고 말 테다!'

하늘도 감동한 효녀 이야기
심청전

『심청전』의 주제는 한마디로 '효'예요. 조선 시대에는 부모에 대한 효를 인간의 가장 중요한 덕목으로 여겼어요. 그래서 아버지를 위해 목숨까지 바친 심청은 누구나 본받을 만한 효녀로서 조선 시대 사람들의 사랑을 받았답니다.

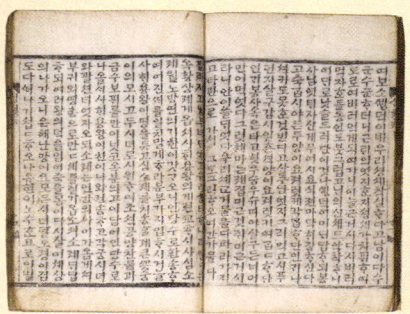

시각 장애인이 많이 살았던 황해도 땅

주인공 심청과 아버지 심 봉사는 황해도 황주 도화골에 살았어요. 실제로 조선 시대에는 시각 장애인들이 황해도 봉산, 황주 같은 곳에 많이 살았다고 해요. 이 지역에 유독 시각 장애인이 많았던 까닭은 예전에 그곳에서 갑자기 땅이 움푹 꺼지는 커다란 재난, 즉 지진 같은 천재지변이 일어났기 때문이라는 이야기가 있어요.

인당수에 몸을 바친 심청

심청은 어려서 어머니를 잃고 눈먼 아버지 심학규와 함께 어렵게 살았어요. 그런데 어떤 스님이 말하기를, 절에 쌀 삼백 석을 바치면 아버지의 눈을 뜨게 할 수 있다고 했어요. 하지만 먹을 것이 없어

『심청전』에서 심청이 몸을 던진 인당수는 장산곶 근처의 바다라고 전해진다. 실제로 이곳은 툭 튀어 나온 장산곶의 지형 때문에 바닷물이 소용돌이치는 위험한 곳이다.

구걸을 하며 지내는 처지에 어떻게 쌀 삼백 석을 구하겠어요. 그러던 어느 날, 심청은 뱃사람들이 바다의 풍랑을 잠재우기 위해 제물로 바칠 처녀를 구한다는 소식을 듣고는 뱃사람을 따라갔어요.

심청의 효심으로 심 봉사의 눈을 뜨게 하다

심청은 아버지의 눈을 뜨게 하려고 제물이 되어 바닷물에 몸을 던졌어요. 그러나 다행히 심청을 불쌍히 여긴 옥황상제가 목숨을 살려 주었어요. 그 뒤 심청은 황후가 되었고, 아버지를 다시 만났어요. 깜짝 놀란 심 봉사도 차츰 딸 심청이를 알아보고는 감은 눈에서 눈물을 흘렸어요. 그런데 그때 파르릉 번개가 치더니 심 봉사의 눈이 번쩍 뜨였답니다.

심 봉사가 본 심청의 행동은 어땠을까

『심청전』을 읽은 사람들은 누구나 심청을 효녀라고 칭찬했어요. 그런데 만약 여러분이 심 봉사라면 딸이 자기를 위해 목숨을 바친다고 할 때 어떤 마음이 들까요? 아버지의 눈을 뜨게 하려는 심청의 마음은 갸륵하기 그지없어요. 그렇지만 진정한 효도는 무엇보다도 부모가 물려준 몸을 함부로 다치지 않게 하는 것이라는 사실을 잊지 말아야 해요.

소설 속 역사

조선 시대 시각 장애인들은 어떻게 살았을까?

『심청전』에서 심 봉사는 동네 사람들과 딸의 보살핌을 받으며 살아갔어요. 하지만 실제 조선 시대 시각 장애인들은 거의 대부분 어엿한 직업을 갖고 스스로 벌어서 먹고살았어요. 점을 치는 '점복가'나 주문을 외워 병을 몰아내는 '독경사', 악기를 연주하는 '악사' 등이 바로 시각 장애인들이 종사한 직업이었답니다.

김준근의 『기산풍속도첩』 중 「판수독경」

이야기 속에 푹 빠져라

집에서 쫓겨나다

그 뒤로 자상은 날마다 김옹의 이야기판을 쫓아다니며 어깨너머로 소설 낭독법을 배우고, 집에 돌아와서는 대본인 『심청전』을 외웠어요. 그런데 소설책 한 권을 통째로 외우기란 결코 쉬운 일이 아니었어요. 지금까지 수많은 소설을 읽어 왔지만, 그것을 통째로 외우는 것은 또 다른 문제였지요. 게다가 전기수가 되려면 소설을 전부 외워야 할 뿐 아니라 문장 속의 감정까지 살려서 낭독해야 하니, 그 어려움은 몇 배가 되었어요.

자상은 발성 연습도 게을리하지 않았어요. 보통 소설 한 권을 낭독하는데는 넉넉잡아 네다섯 시간쯤 걸렸어요. 전기수들은 그렇게 긴 시간 동안목청 높여 낭독해야 했으니, 나중에는 목이 막혀 소리조차 제대로 나오지않았지요. 그래서 자상은 날마다 집 뒤의 북악산에 올라 큰 소리로 소설을 읽으며 목청을 키우고 단련시키는 연습을 꾸준히 했답니다.

그런데 이런 자상보다 더욱 힘든 건 어머니였어요. 하루는 자상이 집에서 멀리 떨어진 곳까지 가서 이야기판을 구경하느라 늦게 들어온 적이 있었어요. 이날도 대문 밖까지 마중 나와 애타게 기다리던 어머니가 자상의 손을 잡고 눈물을 글썽이며 말했지요.

"자상아, 네가 요새 전기순지 뭔지 하는 사람을 쫓아다니는 걸 다 알고 있단다. 제발 그만두거라. 아무리 그래도 거리에서 이야기책이나 읽어 주는 전기수가 될 수는 없다. 차라리 몰락한 양반들이 많이 하는 세책가나 책방에 들어가 일을 배워 보는 것이 어떻겠느냐?"

"싫어요, 어머니! 저는 꼭 전기수가 되고 싶습니다."
"그러다가 만약 아버지가 알게 되면 넌 당장 집에서 쫓겨나고 말 게다."
"전 이미 각오하고 있어요."

과연 며칠 지나지 않아 아버지가 집에 돌아오자마자 자상을 불러 엄하게 분부했어요.

"당장 내일부터 가회동 조 판서댁에 가서 겸인(심부름꾼)으로 일하거라. 십 년쯤 일하면 나처럼 서리로 나갈 수 있을 게다."

그 무렵 서리들은 양반 사대부가에서 몇 년 동안 겸인으로 일해 주고 그들의 추천을 받아 서리가 되곤 했거든요.

"그게 무슨 말씀이세요? 갑자기 남의 집 겸인이 되라니요? 전 죽어도 싫습니다."

그러자 아버지가 몹시 성난 얼굴로 말했어요.

"싫다니? 길거리에서 거지 같은 놈들을 세워 놓고 앵무새처럼 재잘거리는 건 좋고, 장래를 위해 고관 댁에서 심부름하는 건 싫다는 게냐? 집안 망신을 시켜도 분수가 있지, 어디 할 짓이 없어서 전기수가 되려 하느냐? 어렵게 구한 자리이니 잔말 말고 가서 일하거라!"

아버지는 자상이 전기수가 되고자 결심했다는 걸 벌써 알고 있었던 거예요. 하지만 자상도 자신의 뜻을 굽힐 수 없었어요.

"그래도 전기수는 남들 앞에 떳떳하지 않습니까. 또 이야기로 사람들을 즐겁고 행복하게 해 주니 얼마나 대단한 일입니까. 가난하고 무지한 사람들에게 세상 사는 지혜도 가르쳐 주고요. 아버지, 저는 꼭 전기수가 되고 싶습니다!"

"시끄럽다! 정 그렇게 고집을 피우려면 당장 이 집에서 나가거라. 너 같은 자식은 차라리 없는 편이 낫다!"

자상은 더는 어찌할 수 없음을 알고 굳은 표정으로 힘주어 말했어요.

"예, 알겠습니다. 저는 집을 나가서라도 기어코 전기수가 되고 말겠습니다."

그러고는 곧장 자기 방으로 가서 옷 보따리를 싸 들고 나왔어요. 어머니와 누이들이 두 팔을 붙잡고 눈물을 흘리며 말려도 자상은 매정하게 뿌리치고 대문을 나섰지요.

'아버지 어머니, 죄송합니다! 반드시 유명한 전기수가 되어 돌아오겠습니다.'

가난한 전기수 이자상

이자상은 중인 출신으로, 조선 시대의 유명한 전기수였어요. 이자상은 총명하고 기억력이 좋아 어려서부터 읽지 않은 책이 없었고, 특히 소설을 훤히 꿰뚫고 있었다고 해요. 그래서 종종 재상가의 집안에 드나들며 소설을 낭독했는데, 솜씨가 아주 뛰어나다고 소문이 났어요. 하지만 늙어서는 아는 사람의 집에서 신세를 지며 살 때가 많았어요. 전기수라는 직업으로 세상을 살아가기란 무척 힘들었던 것이지요.

낭독법 1 읊조리듯, 노래하듯 낭독하라

집을 나온 자상이 갈 만한 곳이라고는 오직 스승 김옹의 집뿐이었어요. 김옹의 집은 동대문 밖 숭인동에 있었는데, 방 두 칸에 부엌 하나 딸린 초가삼간이었어요. 자상이 옷 보따리를 들고 그 집으로 찾아가니, 김옹은 올 줄 알았다는 듯이 순순히 받아 주었어요. 그동안 자신의 이야기판을 따라다니는 모습을 보고서, 전기수가 되고 싶은 자상의 열정과 진심을 인정한 것이었지요. 선화도 재빨리 눈치를 채고 선뜻 자기 방을 내주었어요.

그 뒤로 자상은 매일같이 김옹을 따라다니며 이전보다 더욱 열심히 소설 낭독법을 배웠어요.

하루는 일찍 집에 돌아온 김옹이 자상과 선화를 데리고 동네 어귀의 당산나무 밑 정자를 찾아갔어요. 정자에는 몇몇 노인이 마루에 앉아 잡담을 나누고 있고, 개구쟁이 아이들이 기둥을 놀이터 삼아 숨바꼭질을 하고 있었지요. 김옹은 정자 앞에 자상을 세우고 엄숙한 목소리로 말했어요.

"그동안 나를 꽁지 빠지게 따라다녔으니 뭔가 배운 것이 있겠지. 어디 한 번 『심청전』을 낭독해 보아라."

갑작스런 김옹의 지시에 자상은 당황하지 않을 수 없었어요. 그러나 곧 목청을 가다듬고 평소 연습한 것처럼 문장에 가락을 붙여 『심청전』을 낭독하기 시작했지요. 다음은 심 봉사가 자식이 없어 걱정하는 글머리 대목이에요.

 하루는 심 봉사가 곽씨 부인을 불러 말하길,

"여보 마누라! 우리 나이가 사십이나 슬하에 자식이 없어 조상 제사가 끊어지게 생겼으니, 죽어서 저승에 가도 조상님을 뵐 면목이 없고, 우리 두 사람의 신세도 쓸쓸하게 되었소. 이제 내 수발은 그만 들고 명산대천에 기도하여 눈먼 자식이라도 하나 보게 합시다."

곽씨 부인이 대답하되,

"옛말에도 불효 중에 후사가 없는 것이 가장 크다 하니, 우리의 후사 없음은 다 저의 죄악이라. 자식을 낳을 수만 있다면 무슨 고생인들 피하리이까."

하더라.

처음이라 긴장해서 그런 걸까요. 자상은 계속 몸을 떠는 데다 낭독도 단순히 책을 소리 내어 외는 수준에 불과했어요. 아니나 다를까, 김옹이 중간에 낭독을 끊고 호통을 쳤지요.

"지금 그걸 낭독이라고 하고 있는 게냐? 사내대장부가 떨기는 왜 그렇게 떨어? 무슨 죄지은 거라도 있는 거냐?"

"아뇨, 처음이라 긴장되어서 그만……."

"그렇게 배짱이 없어서 어떻게 전기수가 되겠다는 거야. 아랫배에 힘을 주고 똑바로 서서 자신 있게 낭독하란 말이다."

"예, 스승님."

김옹은 다시 자상이 고쳐야 할 점을 지적했어요.

"그리고 낭독을 하라고 했지, 책을 읽으라 했느냐? 문장마다 가락을 붙여 읊조리듯, 노래하듯 낭독하란 말이다."

그러자 곁에 있던 선화도 맞장구를 쳤어요.

"맞아요, 오라버니! 그 몇 구절을 듣는데도 지루해서 혼났어요. 사람의 말에도 높낮이와 장단이 있잖아요. 근데 오라버니는 지금 목소리에 아무 변화도 없이 그저 밋밋하게 책을 읽고 있잖아요. 소설 낭독도 스님이 염불을 하거나 학동들이 『천자문』을 외는 것과 매한가지라고요."

선화의 날카로운 지적에 자상의 어깨는 더욱 밑으로 처졌어요.

'끄응! 말이야 쉽지.'

낭독법 2 가슴으로 외우라

김옹이 계속 낭독해 보라고 하자, 자상은 곽씨 부인이 자식을 낳고 싶어 치성을 드리는 대목부터 다시 시작했어요.

곽씨 부인이 품을 팔아 모은 돈으로 정성을 드리는데, 명산에서 제사 지내기, 대천에서 큰굿 하기, 절을 찾아 불공 드리기, 성황당과 당산나무, 조왕신이며 성주님, 제석님, 산신님께 밤낮으로 축원하니, 공든 탑이 무너지랴…….

하지만 자상은 몇 구절도 낭독하지 못하고 꿀 먹은 벙어리가 되었어요. 다음 내용이 기억나지 않았기 때문이에요. 주위에서 지켜보던 노인과 아이들이 킥킥거리며 웃어 대자, 자상은 창피해서 얼굴이 새빨개졌어요. 화가 난 김옹이 담뱃대로 땅바닥을 두드리며 야단쳤어요.
"허허, 이놈 보게? 아직도 소설을 다 외우지 못한 거냐? 전기수한테 암송은 기본이란 말이야."
"그게, 분명 외웠는데 갑자기 생각이 안 나서요……."
"머리로만 외우려니까 그렇지! 실제 장면을 떠올리면서 가슴으로 외우란 말이다."
김옹은 낭독법도 정확하게 지적해 주었어요.
"또 그 대목은 그렇게 낭독하는 게 아니다. 어떤 사실을 단순하게 죽 읊어 나갈 때는 아까처럼 노래하듯이 낭독하지 말고, 가락을 넣기는 하되 그냥 쉽고 단순한 어조로 낭독하거라."
그러자 자상은 갑자기 이야기책 낭독법의 원리가 궁금해졌어요.

"스승님, 특별히 정해진 이야기책 낭독법이라도 있습니까? 이것도 뭔가 원리가 있을 법한데요?"

"그런 게 어디 있겠어. 그냥 이야기 속에 푹 빠져서 낭독하면 된단다. 그러면 어떤 대목은 노래하듯이 유창하게 읽게 되고, 어떤 대목은 단순한 어조로 읽게 되지. 그렇게 몇 번이고 반복하다 보면 자연히 너만의 이야기책 낭독법을 찾게 될 게다."

낭독법 3 눈길과 표정, 자세를 청중에게 맞춰라

"자, 어서 계속 읽어 보거라."

김옹이 재촉하자, 자상이 이번에는 『심청전』 중 곽씨 부인이 죽는 대목을 낭독했어요.

심 봉사가 겁을 먹어 의원 불러 약도 짓고 굿도 하고 주문도 외고 백 가지로 다 하여도 병에 차도가 없구나. 심 봉사가 기가 막혀 곽씨 부인의 곁에 앉아 온몸을 주무르며,

"여보, 마누라, 이것이 웬일이오. 정신 차려 말을 하오. 먹는 게 없으니 몸이 약해서 그러한가, 산신령의 탈인가, 갈수록 병세가 깊어 가니, 앞 못 보는 이내 몸과 강보에 싸인 자식을 어찌하려 이리하오."

하더라.

"그만! 그만!"

김옹이 또다시 화를 내면서 낭독을 그만두게 했어요.

"아까 내가 한 말을 어디로 들은 게야? 이야기 속에 푹 빠져서 낭독하라 하지 않았더냐? 아, 부인이 죽어 가는데 누가 그렇게 차분할 수 있겠느냐. 정말 내 부인이 죽어 가는 것처럼 애절한 표정으로 낭독하란 말이다. 대체 몇 번을 말해야 알아듣겠느냐."

"예예, 스승님!"

김옹의 꾸중에 자상이 어쩔 줄을 몰라 하자, 선화가 살며시 웃으며 상냥하게 설명해 주었어요.

"오라버니, 낭독할 때는 눈길이나 표정도 정말 중요해요. 우선 듣는 사람들하고 눈을 자주 마주치세요. 그래야 서로 마음의 거리가 좁아지거든요. 또 표정도 좀 더 풍부하게 지으세요. 전기수의 표정에 따라 느낌이 완전히

달라져요. 전기수가 싱글벙글 웃으면 신 난다는 느낌을 받고, 얼굴을 찡그리면 힘들거나 아프다는 느낌을 받는 법이에요."

선화의 도움말에 마음이 좀 누그러진 자상이 평소 궁금했던 것들을 물었어요.

"그럼 낭독할 때 자세는 어떻게 해야 하지?"

"편한 대로 하세요. 듣는 사람이 적으면 자리에 앉아서 하고, 많으면 일어서서 하고요. 또 감정이 높아진 대목에서는 벌떡 일어서고, 슬픈 대목에서는 손으로 얼굴을 감싸고 주저앉기도 하고요."

선화의 똑 부러진 설명에 김옹이 맞장구를 치며 말했어요.

"얼쑤, 우리 딸 잘한다! 단단히 새겨 두거라, 이놈아."

낭독법 4 끊어 읽기와 요전법

자상은 다시 심 봉사가 밥을 빌어 심청이를 키우는 대목부터 읽어 나갔어요.

심청이 지팡이 끝을 잡고 아버지 앞을 인도하여 멀고 가까운 데를 다니면서, 아침저녁 밥을 빌고 낮이면 곡식을 동냥하여 그럭저럭 지내어서 일곱 살이 되니라. 하루는 심청이 아버지에게 여쭈기를,

"아버님 늙으시고 두 눈이 불편하니 집에 가만히 계시면 나 혼자 밥을 빌어 봉양을 하오리다."

심 봉사 깜짝 놀라,

"너 그게 웬 말이냐? 내 아무리 가난해도 양반의 후예로서 예절조차 모를소냐. 네 나이 칠 세 되니 너는 들어앉고 나 혼자 빌려 했는데, 도리어 나는 들어앉고 너 혼자 밥을 비느냐. 다시는 그런 말 하지 마라."

심청이 다시 여쭈기를,

"까마귀도 커서 어버이의 은혜에 보답한다는데, 하물며 사람으로 짐승만 못하리까. 자식의 도리오니 제발 말리지 마옵소서."

심 봉사 하는 말이,

"네 말이 정녕 그러하니 부득이 허락하나, 남이 오죽 흉을 보겠느냐."

하더라.

"잠깐 멈춰 보거라!"

이번엔 제대로 낭독한 것 같았는데, 김옹이 또다시 이야기를 끊었어요. 자상은 긴장한 채 조심스럽게 물었지요.

"뭐가 또 잘못되었습니까?"

"호흡이 너무 길다. 그러면 듣는 사람들이 따라가질 못해. 보통 두서너 마디씩 끊어 읽도록 해라. 그래야 사람들이 듣기 편하고 내용도 잘 이해할 수 있어."

김옹의 지적이 끝나자, 자상이 갑자기 물었어요.

"그런데 이야기책을 낭독하다가 언제쯤 뚝 그쳐야 사람들이 돈을 많이 던지나요?"

"허허, 이놈 보소! 벌써부터 돈을 밝히긴. 그걸 요전법이라고 하는데, 이야기책을 한창 낭독하다가 가장 재미있는 부분에서 입을 꽉 다물어 사람들의 애간장을 태워야 한다. 그러면 다들 뒷이야기가 궁금해서 저도 모르게 돈을 던지게 되어 있지."

자상은 자기 앞에 수북이 떨어진 엽전을 상상하며 기쁜 표정을 지었어요. 하지만 선화가 곧바로 따끔하게 충고했지요.

"단, 요전법은 드러내 놓고 해서는 안 되고, 아주 적절하게 해야 해요. 자칫 잘못했다간 사람들이 실망하여 발길을 뚝 끊을 수도 있거든요."

그러자 김옹이 또다시 선화를 치켜세웠어요.

"옳지, 역시 우리 딸이야! 선화 너야말로 최고의 전기수가 될 재주를 타고났구나."

바로 그때, 누가 뒷짐을 지고 거만하게 걸어오면서 말했어요.

"그런데 이를 어찌하나? 여자가 거리에 서서 이야기책을 낭독할 순 없으니 말이야. 여자는 그저 집 안에서 살림이나 잘하고 자식이나 잘 키우면 그만이지."

최고의 전기수 이업복

그는 바로 이즈음 김옹과 함께 한양에서 가장 인기가 많은 전기수 이업복이었어요.

"여기들 있었구먼. 그걸 모르고 여태 찾으러 다녔네."

업복은 능청스럽게 알은체를 하며 다가왔어요. 그는 자상보다 한두 살 위이지만, 비단옷에 가죽신, 수정 갓끈까지 차림새가 화려했어요. 하지만 김옹은 그의 인사도 받지 않은 채 성난 투로 말했어요.

"네놈이 여긴 웬일이냐? 꼴도 보기 싫으니 당장 돌아가거라!"

전기수 이업복

이업복은 본디 양반집 하인이었어요. 어릴 적부터 한글 소설을 감칠맛 나게 잘 읽었는데, 그 소리가 노래하는 듯, 원망하는 듯, 웃는 듯, 슬픈 듯, 그야말로 변화무쌍했지요. 또 내용에 따라 온갖 흉내를 내곤 했는데, 때로는 웅장하게 영웅의 형상을 짓기도 하고, 때로는 곱고 살살 녹는 예쁜 여자의 자태를 짓기도 했어요. 그래서 부유한 사람들이 다투어 그를 불러다 소설을 읽히곤 했어요.

"노인네도 참! 제가 뭘 어쨌다고 그러세요? 요즘 건강이 좋지 않다 해서 일부러 찾아왔더니만."

"네 낯짝을 보니 안 아픈 곳도 아픈 것 같다. 썩 돌아가거라!"

업복이 다시 김옹을 돌아보며 은근슬쩍 말했어요.

"몸도 안 좋은데, 이제 그만 종로의 이야기판을 제게 넘기시지요? 흐흐흐."

종로의 이야기판은 모든 전기수들이 선망하는 낭독 자리로, 날마다 청중이 많이 모일 뿐 아니라 부유한 여성들의 낭독 요청도 자주 들어왔어요. 요즘 그 자리를 김옹이 차지하고 있기 때문에 업복이 탐을 내는 것이었지요.

업복의 무례한 요구에 김옹은 담뱃대를 휘두르며 크게 화를 냈어요.

"뭐라고? 아무리 내가 늙고 병들었다 해도 어찌 이리 업신여길 수 있단

말이냐! 이런 망할 놈 같으니라고. 우리 선화를 시집보내기 전에는 절대 그 자리를 내줄 수 없다."

그러자 업복이 김옹의 담뱃대를 피해 달아나면서 소리쳤어요.

"그럼 어쩔 수 없죠. 강제로라도 종로 이야기판을 차지할 수밖에요. 내일부터 내가 그 자리에서 낭독할 테니, 그리 아시우."

업복이 눈앞에서 멀리 사라진 뒤에도 김옹은 화가 풀리지 않아 여전히 씩씩거리며 숨을 몰아쉬었어요.

옛글에 남은 전기수의 모습

조선 시대 후기의 문필가 추재 조수삼이 쓴 『추재기이』라는 작품집에는 전기수에 관한 글이 있어요. 이 글은 그 무렵에 활동한 전기수들이 어떻게 사람들에게 소설을 읽어 주었는지를 아주 잘 보여 준답니다.

전기수는 동대문 밖에 살고 있었다. 한글로 된 소설을 잘 읽었는데, 『숙향전』, 『소대성전』, 『심청전』, 『설인귀전』 같은 것들이었다.
  매달 1일은 초교(종로 6가) 아래에서, 2일은 이교(종로 5가) 아래에서, 3일은 이현(배오개) 시장에서, 4일은 교동(낙원동) 입구에서, 5일은 대사동(인사동) 입구에서, 6일은 종각(보신각) 앞에 자리 잡고 소설을 읽곤 했다. 7일부터는 다시 거슬러 올라갔다가 내려오기를 반복하여 한 달을 마쳤다. 달이 바뀌면 전과 같이 했다.
  전기수는 워낙 재미있게 소설을 읽기 때문에 사람들이 겹겹이 담을 쌓고 들었다. 그는 소설을 읽다가 가장 절정인 대목에 이르면 갑자기 읽기를 딱 멈췄다. 그러면 사람들은 뒷이야기가 궁금해서 다투어 돈을 던졌는데, 이것을 '요전법'이라 했다.

전기수 낭독 지도
전기수들은 한양에서 가장 번화한 종로를 엿새 간격으로 오르내리며 책을 읽어 주었다.

화려한 낭독 솜씨

김옹은 어제 이교 아래에서 『숙향전』을 낭독했기 때문에, 오늘은 순서에 따라 배오개 시장에서 또 다른 소설을 낭독할 차례였어요. 배오개 시장에서는 주로 함경도에서 가져온 북어를 많이 팔았고, 또 동대문 밖의 밭에서 기른 채소들도 많이 팔았어요.

과연 시장에 들어서자마자 여기저기서 장사치들이 북어며 채소를 사라고 외치는 소리가 귀를 따갑게 했어요.

"북어 사세요! 함경도에서 방금 들어온 북어 사세요!"

"채소 사려! 무, 배추, 오이, 고추, 가지, 호박······. 아이고, 없는 거 빼고 다 있다니깐. 거기 아주머니, 이 오이 한번 먹어 봐요. 정말 싱싱하다고요."

김옹은 자상과 선화를 데리고 평소 낭독하는 자리인 시장 어귀의 공터로 갔어요. 그곳에는 뒷사람한테도 잘 보일 수 있는 제법 크고 넓적한 바위가 놓여 있었지요.

그런데 오늘은 업복이 그 자리에서 이야기책을 낭독하고 있지 않겠어요! 며칠 전에 찾아와 강제로라도 종로의 이야기판을 차지하겠다고 한 게 결코 빈말이 아니었던 거예요. 요즘 최고로 잘나가는 전기수답게 업복의 앞에는 청중이 구름처럼 몰려 있었어요.

업복의 낭독 솜씨는 과연 대단했어요. 그 소리는 마치 노래하는 듯했고, 내용에 따라 원망하고, 웃고, 애원하고, 거침없다가 때로는 아양을 떠는 등 온갖 재주를 다 부렸지요. 김옹 일행도 뒷자리에 서서 한참 동안 넋을 잃고 업복이 낭독하는 것을 바라보았어요.

그때 업복은 『춘향전』 중 춘향이가 감옥에서 꿈 해몽을 듣는 장면을 낭독하고 있었어요.

춘향이 자정 무렵에야 겨우 잠이 드니, 감옥의 창가에 앵두꽃이 어지럽게 떨어지고, 단장하던 거울의 한복판이 깨어지고, 흉악한 허수아비가 문 위에 걸렸거늘, 깜짝 놀라 잠에서 깨니 꿈이라. 춘향이 혼잣말로,

"내가 이 꿈처럼 꽃같이 떨어지고, 거울같이 깨어지고, 허수아비같이 죽으려나?"

하며 날이 새도록 탄식하더라.

업복은 마치 자기가 춘향이라도 되는 양 가녀린 목소리로 혼자서 얘기하고 긴 한숨을 내쉬었어요. 그러고는 청중을 바라보며 힘없는 목소리로 말했지요.

"아아, 이게 대체 무슨 꿈일까?"

그러자 사람들이 여기저기서 한마디씩 던졌어요.
"글쎄, 정말 죽을 꿈인가?"
"예끼, 이 양반아! 춘향이가 벌써 죽으면 이야기가 끝나 버리지."
"맞아요. 그럼 뒷이야기는 어떡하겠어."
업복은 청중에게 조용히 하라 손짓하고는 계속 낭독했어요.

 그때 눈먼 점쟁이가 감옥 밖에서,
"점들 보시오!"
외치며 지나가더라.
춘향이 듣고서,
"여보시오, 옥사쟁이, 지난밤 꿈이 하도 흉하니 해몽이나 해 보게 저 소경 좀 불러 주오."
옥사쟁이가 소경을 부르기를,
"저기 가는 저 소경!"
"거 누가 날 찾소?"

"감옥에 갇힌 춘향이 해몽을 하려 하니, 잠깐 감옥으로 들어갑시다."
소경이 좋다고 더듬더듬 오는구나.

어느새 업복은 지팡이를 짚고 두 눈을 살짝 감은 채 실제로 소경 연기를 펼치기 시작했어요. 청중이 있는 곳으로 가서는 "누가 날 찾지? 거 어디 있소?" 하며 괜히 몸을 부딪치기도 하고, 예쁜 아낙들의 얼굴을 능청스럽게 바라보기도 하고, 자리에 앉아 있는 노인들의 수염을 잡아당기기도 했어요. 그럴 때마다 청중은 이리저리 몸을 피하며 배꼽을 잡고 웃어 댔어요. 얼마 후 업복은 다시 제자리로 돌아와 『춘향전』을 계속 낭독했어요.

춘향이 소경을 인도하여 감옥 안으로 들어가니, 착실한 저 소경이 지팡이와 담뱃대를 발로 꽉 누르고 두 무릎을 쪼그리고 앉으면서,
"어허, 간밤 꿈을 어찌 꾸었나?"
"창가에 앵두꽃이 어지럽게 떨어지고, 단장하던 거울의 한복판이 깨어지고, 흉악한 허수아비 문 위에 달려 있으니, 정녕 죽을 꿈 아니오?"
소경이 하는 말이,
"감옥에서 고생하는 사람에게 복채를 달란 말이 미안하나, 점이라 하는 것은 정성을 들여야 하는 것이라네. 정성을 안 들이면 귀신이 감동하지 못할 것이니 복채를 좀 내놓으소."
하더라.

그러더니 업복은 갑자기 이야기를 뚝 그치고, 등 뒤에서 목줄에 묶인 채 오물오물 뭔가를 먹고 있는 자신의 원숭이를 불렀어요.

"먹보야! 춘향이 복채가 없어 점을 못 본단다. 얼른 가서 복채 좀 구해 오너라."

그러자 원숭이가 제 덩치보다도 큰 바구니를 머리에 이고 엉덩이를 씰룩거리며 청중에게 다가가는 게 아니겠어요. 그것이 업복만의 요전법이라는 걸 잘 알고 있는 사람들은 곧장 주머니에서 한 푼 두 푼 꺼내 바구니 안에 넣어 주었지요. 주인이 잘 훈련시킨 덕분인지 원숭이는 영특하게도 돈을 넣지 않는 사람 앞에서는 킥킥거리며 발을 동동 구르기도 했어요.

이윽고 바구니 안에 돈이 수북이 쌓이자, 업복은 흡족한 표정으로 또다시 『춘향전』을 낭독해 나갔어요.

춘향이 품 안에서 돈 한 냥을 내놓으니, 소경이 돈을 들어 뺨에 대어 보고 한참을 웅크리고 있다가,

"으응, 어허! 그 꿈 신통하네. 정말 좋은 꿈이로세. 꽃이 떨어지면 열매가 열릴 터이니, 열매는 목(木) 자로다. 그 아래에 아들 자(子)를 하면, 오얏 이(李) 자가 분명하지. 거울이 깨졌다고 하나, 옛사람들은 깨진 거울을 가지고 인연을 찾지 않았던가. 허수아비라 하는 것은 찢어진 옷과 갓을 쓴 것이니, 아무래도 이씨 성을 가진 사람이 옛 인연을 찾으려고 찢어진 옷과 갓을 쓰고 올 꿈이로다. 문 위에 달려 있다는 것은 우러러 볼 상이니, 찢어진 옷과 갓을 썼어도 사람마다 무서워하지. 어허, 그

꿈 정말 좋다!"

소경은 복채를 집어넣고 부리나케 일어서며,

"내 해몽과 같아서 자네가 잘되거든 우리 같은 병신 목숨 부디 잊지 마소."

하더라.

청중은 업복의 낭독 소리와 몸짓을 하나라도 놓칠세라 모두 쥐 죽은 듯이 앉아 있었어요. 역시 업복은 요즘 최고로 인기 있는 전기수임에 틀림없었지요.

내내 그 모습을 지켜보고 있던 자상은 속으로 은근히 질투심이 일었어요. 그리하여 한창 낭독하고 있는 업복에게 다가가 말했어요.

"이보시오, 업복인지 업둥인지 하는 양반! 여긴 우리 스승님 자리이니 그만 나와 줘야겠소."

그러자 청중이 일제히 자상을 쳐다보며 웅성거렸어요.

"에잇, 누구야!"

"누가 이야기를 끊고 그래?"

청중은 이야기판을 방해하지 말라는 눈치를 보였고, 업복도 본체만체하고 계속 낭독하려 했어요.

"내 말이 안 들리오? 여긴 우리 스승님이 매번 낭독하던 자리라니까."

그제야 업복이 성난 표정으로 자상을 노려보며 대꾸했어요.

"감히 누구한테 자리를 비키라 마라야? 여기 자릿세라도 냈대? 누구든 먼저 와서 낭독하면 되는 거지. 그리고 얼마 전에 내가 찾아가서 분명히 말했을 텐데. 노인네가 건강이 좋지 않으니, 이제부터 종로의 이야기판은 내가 차지하겠다고 말이야."

"뭐라고? 우리 스승님이 못하시면 제자인 나라도 낭독할 것이니, 군소리 말고 당장 비켜!"

"어허, 이 자식이! 전기수는 아무나 하는 줄 아나? 하룻강아지 범 무서운 줄 모른다더니, 나보다 더 낭독을 잘한다면 언제든지 물러나 주마."

업복은 은근슬쩍 낭독 대결을 벌여 그 자리의 주인을 결정하자고 제안했지요. 순진한 자상은 별다른 생각 없이 단번에 대답했어요.

"좋다! 낭독 대결을 해서 이긴 사람으로 종로 이야기판의 주인을 정하자!"

"하하하! 그럼 한 달 뒤에 청계천 공터에서 낭독 대결을 벌이자꾸나. 심판은 관아의 서리들 중에서 공명정대한 인물로 내가 한번 골라 보마. 판결은 청중의 호응과 박수 소리로 결정하자."

두 사람의 내기에 청중도 흥미를 보이며 웅성거렸어요. 그러자 지켜보던 선화가 걱정스러운 얼굴로 김옹에게 물었어요.

"어쩌죠, 아버지? 가서 없던 일로 하라고 할까요?"

그러자 김옹이 고개를 가로저으며 대답했어요.

"아니다! 이번 기회에 자상의 낭독 실력을 크게 올릴 수 있을 것 같구나."

김옹은 승부욕으로 활활 불타는 자상의 얼굴을 뚫어지게 바라보았어요.

얼떨결에 이야기판에 섰다가

김옹은 자상과 선화를 데리고 길 건너의 한적한 공터로 갔어요. 적당한 곳에 자리를 잡고 보따리에서 소설책과 부채를 꺼내 낭독 준비를 하자, 어느새 알았는지 사람들이 몰려와 둥그렇게 모여 섰어요. 이즈음 전기수의 소설 낭독은 최고의 재밋거리 중 하나였고, 비록 늙고 병들었다 해도 김옹은 여전히 인기 있는 전기수였어요.

오늘도 김옹은 낭독을 하기 전에 긴장도 풀고 마음도 집중할 겸 담배 한 대를 피워 물었어요. 그런데 금세 마른기침이 나더니 여간해서 멈출 기미가 없었어요. 나중에는 숨까지 가빴지요. 결국 김옹은 낭독을 포기하고 사람들에게 말했어요.

"쿨럭쿨럭! 오늘은 나 대신 여기 있는 제자 자상이 낭독해야겠소. 우리 자상은 총명하고 기억력이 좋은 데다, 이야기책도 웬만한 건 다 읽었다오. 그러니 글자 하나 틀리지 않고 정확히 들려줄 것이오. 켁켁."

그러고는 자상을 돌아보며 말했어요.

"자상아, 이리 와서 『심청전』을 한번 낭독해 보거라."

김옹의 갑작스러운 지시에 당황한 자상은 한참 동안 머뭇거렸어요. 그러자 선화가 웃는 얼굴로 자상을 응원해 주었어요.

"오라버니! 날마다 이야기판에 서고 싶어 했잖아요. 그러니 걱정 말고 나가서 지금까지 배운 대로 편안하게 낭독해 보세요."

이에 용기를 얻은 자상은 크게 심호흡을 하고 앞으로 나가 사람들을 바라보고 섰어요. 그의 가슴은 몹시 요동치고, 손바닥은 땀으로 흥건히 젖었지요.

자상은 『심청전』 가운데 심청이 공양미 삼백 석을 구하기 위해 치성을 드리는 대목까지 거침없이 낭독했어요.

이날 밤에 심청이 뒤뜰을 깨끗이 쓸고, 정안수 한 사발을 소반에 받쳐 놓고 하느님께 빌기를,

"심청이 팔자가 사나워 갓난아이 적에 어머니를 잃고 맹인 아버지뿐인데, 아버지의 평생 소원이 눈 뜨는 것이라. 공양미 삼백 석을 몽은사에 바치면 아버지 눈이 뜬다 하는데, 집안이 가난하여 몸밖에 없사오니, 하느님이 보우하사 이 몸 사 갈 사람을 지시하여 주옵소서."
하더라.

평소 김옹에게 배운 대로 유창하게 낭독했지만, 웬일인지 청중의 반응은 싸늘하기만 했어요. 자상은 이상하게 여기면서 계속 낭독해 갔어요.

밤마다 삼경에 시작하여 새벽 닭 울음소리 들릴 때까지 칠 일 밤을 빌었더니, 하루는 마을에 개 짖는 소리와 함께 크게 외치는 소리 들리거늘, 자세히 들어 보니 사람들이 어울려,

"나이 십오 세요, 얼굴이 예쁘고, 온몸에 흉터가 없고, 효심이 가득한 여자를 큰돈 주고 사려 하니, 몸 팔 사람 누구 없소!"

하더라.

그때 누가 큰 소리로 낭독을 가로막았어요.
"야, 지금 그걸 낭독이라고 하고 있는 거냐! 우리 전기수들을 욕 먹이려고 아주 작정을 했구먼."
어느 결에 와 있었는지 업복이 청중 틈에서 팔짱을 끼고 서서 비꼬는 투로 말했어요.
"서당에서 아이들이 『천자문』 외우는 솜씨도 너보다는 낫겠다. 전기수는 책도 잘 읽어야 하지만, 무엇보다 흉내를 잘 내야 하는 거야. 내용에 따라 온갖 표정과 몸짓으로 표현해야 하는데, 너는 꼭 뻣뻣한 나무토막 같구나. 하하하!"
그 말에 화가 난 자상이 한마디 내뱉으려 했어요. 그러나 김옹이 중간에서 가로막고 말했어요.
"저놈 말이 맞다. 낭독은 입으로만 하는 것이 아니라 눈짓과 손짓, 몸짓 등 온몸으로 하는 것이다. 안타까운 대목에선 발을 동동 구르고, 슬픈 대목에선 흑흑 흐느껴 울며, 흥겨운 대목에선 어깨를 들썩이며 춤을 추는 등 온갖 흉내를 내면서 낭독해야지. 그래야 듣는 사람들이 이야기에 깊이 빠져든단다."
김옹의 말이 채 끝나기도 전에 이번엔 선화가 참견하고 나섰어요.
"아까 업복이 오라버니 하는 것도 못 봤어요? 내용에 따라 갖가지 재주를 다 부렸잖아요. 아무래도 오라버니는 전기수가 되려면 아직 먼 듯하네요."

 여러 사람이 번갈아 가며 자상의 낭독 솜씨를 나무라자, 청중도 더 이상 낭독을 듣고 싶지 않아 하나둘 자리를 떠났어요. 마침내 끓어오르는 분노를 참지 못한 자상은 들고 있던 『심청전』을 땅바닥에 사정없이 내던지고는 먼저 자리를 떠 버렸어요. 그러자 업복이 자상의 뒤에서 큰 소리로 비웃었어요.

 "하하하, 전기수는 아무나 되는 줄 아느냐! 낭독 대결도 하나 마나 뻔하다, 인마."

 자상은 주먹을 불끈 쥐고 이를 악물었어요.

 '두고 봐라. 내 반드시 낭독 대결에서 이겨 네놈의 콧대를 꺾어 주마!'

종로 이야기판의 새 주인

한 달 후, 자상은 이야기책 낭독 대결을 펼치기 위해 김옹, 선화와 함께 약속 장소로 나갔어요. 그는 이번 대결을 통해 지난번에 당한 수모를 깨끗이 씻고, 스승 김옹을 잇는 최고의 전기수가 되고 싶어 했어요. 그래서 한 달이라는 짧은 시간 동안 거의 완벽하게 이야기책 낭독법을 익혔어요. 문장에 가락을 붙여 유창하게 읽는 법뿐만 아니라 손짓이나 몸짓, 표정 등으로 흉내를 내는 법도 익혔지요. 또 낭독 도중에 해설을 덧붙이고, 청중과 얘기를 나누면서 서로 교감하는 법도 익혔고요.

청계천 공터에는 소문을 듣고 찾아온 사람들이 구름처럼 모여 있었어요. 특히 한양 최고의 전기수 김옹의 두 제자가 낭독 대결을 펼쳐서 종로 이야기판의 새 주인을 가린다는 소식에 수많은 사람들이 몰려와 있었지요.

업복은 심판을 볼 서리 한 명을 데리고 먼저 와서 기다리고 있었어요. 그 서리는 왕명 출납 기관인 승정원에서 글씨를 전문으로 쓰는 하급 관리인데, 서리 중에서도 공명정대하기로 평이 나 있다고 했어요.

이윽고 심판이 두 사람을 불러 앞에 세우고 큰 소리로 말했어요.

"자, 지금부터 종로 이야기판의 새 주인을 가리는 낭독 대결을 벌이겠소. 알다시피 종로 이야기판은 최고의 낭독 자리로, 조선의 모든 전기수들이 차지하고 싶어 하는 자리라오. 대결은 한 사람씩 이야기책을 낭독하는 것으로 하고, 청중의 호응과 박수 소리로 새 주인을 결정하겠소."

심판이 이번에는 목소리를 낮추어 업복과 자상 두 사람에게 물었어요.

"그럼 어떤 이야기책을 낭독하겠는가?"

먼저 업복이 말했어요.

"난 『소대성전』을 낭독하겠소."

그러자 청중은 매우 좋아하며 "우아!" 하고 환호성을 질렀어요.

다음으로 자상이 말했어요.

"나는 『심청전』을 낭독하겠소."

이번에는 청중이 벌써 다 아는 이야기라는 듯 "에이!" 하고 아쉬워했어요.

이윽고 업복이 먼저 사람들 앞에 서서 이야기책

을 낭독하기 시작했어요. 업복은 자신의 현란한 낭독 솜씨를 가장 잘 보여 주기 위해 『소대성전』에서 주인공 소대성이 어린 시절 아버지를 여의는 대목을 골랐어요.

세월이 흘러 소대성의 나이 열 살이 되니, 영웅다운 모습이 드러나 칭찬하지 않는 사람이 없었으나, 아버지는 늘 소대성이 나이보다 성숙함을 걱정하더라. 하루는 아버지가 갑자기 병이 들어 어떤 약도 듣지 않으니, 마침내 자신이 더 살지 못할 줄 알고 눈물을 흘리며 말하기를,
"내 병이 가볍지 않으니 오래 살지 못하리라. 이제 죽어도 여한이 없으나, 대성이가 아직 어리니 이것이 한이로다. 하지만 운명을 어찌하리오."
하더라.

업복이 마치 소대성의 아버지라도 되는 양 눈물까지 흘리며 유언을 남기니, 청중도 저마다 한마디씩 거들었어요. 그중 어떤 남자는 일찍 세상을 떠난 아버지 생각이 났는지 서럽게 외쳤어요.
"안 돼요, 아버지!"
또 바구니를 옆에 낀 아낙은 안타까워하며 훈수를 두었어요.
"쯧쯧, 하늘도 무심하시지. 어린 소대성은 어찌하라고 아비 혼자 저리 일찍 세상을 떠날꼬."
업복은 계속해서 소대성이 어머니마저 잃는 대목을 낭독했어요.

소대성의 아버지가 다시 부인을 돌아보며 말하기를,

"여보, 나 죽은 뒤에 너무 슬퍼하지 말고 자식을 잘 키워 우리 가문을 빛내시오."

그리고 세상을 떠나니라. 온 가족이 한없이 슬퍼하고, 어머니는 자주 혼절하다가 겨우 정신을 차려 소대성의 손을 잡고 말하기를,

"세상에 피할 수 없는 것이 사람의 운명이라. 이를 장차 어찌하리오? 너는 모름지기 건강하게 잘 자라서 부모를 위로하라."

말을 마치고 어머니마저 세상을 떠나니, 소대성의 지극한 슬픔을 어찌 다 말하리오.

소대성이 어머니마저 잃는 대목에서 청중의 슬픔은 극에 달했어요. 어떤 사람은 가슴을 치며 하늘을 원망하고, 어떤 사람은 땅바닥에 주저앉아 목메어 울기까지 했어요.

이윽고 업복의 낭독이 모두 끝나자, 이번에는 자상이 사람들 앞에 서서 『심청전』을 낭독하기 시작했어요. 자상도 지금까지 쌓아 온 낭독 실력을 모두 발휘하여 재미있게 이야기를 들려주었지요. 다음은 심청이 쌀 삼백 석에 몸을 판 뒤 인당수로 떠나기 직전의 상황이랍니다.

멀리 닭 울음소리 들리고 날이 점점 새는구나. 심청이 문을 열고 급히 나가 물을 긷고 쌀을 씻어 아침밥을 맛있게 짓고, 반찬을 장만하여 아버지 앞에 상을 드리고, 밥상머리에 앉아 반찬을 가리키며,

"이것은 고기요, 이것은 생선이오.
반찬 있으니 진지 많이 잡수시오."
 심 봉사는 아무런 영문도 모르고,
"애야, 오늘 아침 반찬이 너무 좋다.
저 건너 장 승상댁이 제사를 지냈느냐?"
"아니오. 집에서 장만하였소."
"어허, 맛있다. 빌어먹던 사람이 갑자기
잘 먹으면 복 터져 죽느니라. 앞으로는 이리
말고 착실히 돈을 모아 네 혼인 의복이나 장만
해라. 어서 사위 좀 보자꾸나."
하더라.

 자상도 심청과 심 봉사의 역할을 번갈아 해 가며 아주 실감 나게 낭독했어요. 특히 심청이 밥상을 차리고 심 봉사가 밥을 먹는 장면에서는 정말로 실제와 거의 똑같이 흉내를 내며 낭독했지요. 그리하여 청중은 저도 모르게 쩝쩝 입맛을 다시거나 침을 흘리기까지 했어요. 자상은 신이 나서 더욱 열심히 낭독했어요.

 심청이 방으로 들어가 아버지 손을 잡고 온화한 목소리로 아뢰기를,
"공양미 삼백 석을 마련할 길이 없어 중국 남경으로 장사를 다니는

뱃사람들에게 인당수 제물로 이 몸을 팔았습니다. 오늘이 그날이라 떠날 수밖에 없으니, 아버지께선 이 못난 자식을 조금도 생각 말고 어서 빨리 눈을 떠서, 예쁜 규수를 맞이하여 아들을 낳으시오."

심 봉사가 그 말을 듣고 깜짝 놀라,

"아니, 그게 웬 말이냐? 누구한테 그런 짓을 배웠느냐? 너 혼자 한 생각이냐? 자식이 죽으면 보던 눈도 먼다는데, 먼 눈을 도로 떠야? 죽어도 너는 못 가리라."

"이미 돈을 받았는데, 아니 가고 어찌하겠소."

"몽은사에 연락하여 쌀을 찾아다 도로 주지."

"한번 바친 돈을 어찌 도로 찾을 수 있겠소."

"그럼 내가 대신 가지."

"나이 십오 세요, 온몸에 흠이 없고 여자라야 한다는데, 아버님이 가시겠소."

심 봉사가 억지를 마구 쓰며,

"그러든지 말든지 너는 못 간다. 너 가면 나 죽는다."

손을 잡고 안 놓더라.

심청과 심 봉사가 서로 옥신각신하는 장면을 두고 청중은 두 패로 나뉘어 서로 논쟁을 벌였어요.

"심청이가 못됐구먼. 어찌 아버지도 모르게 몸을 팔 수가 있어."

"아버지 눈을 뜨게 하려고 그런 거잖아. 심청이야말로 천하의 효녀지."

청중은 또 심 봉사가 심청에게 가지 말라고 떼를 쓰는 마지막 장면에서는 안타까움에 눈물을 흘리기도 했어요.

드디어 자상의 낭독까지 모두 끝나자, 심판이 앞으로 나와 두 사람을 세워 놓고 청중을 향해 큰 소리로 외쳤어요.

"다들 재미있게 들었소?"

"예."

"그럼 둘 중에 누가 잘했는지는 박수 소리로 판가름하겠소. 자, 먼저 업복이 잘했다는 사람들, 박수 한번 쳐 보시오."

그러자 거의 대부분의 사람들이 환호성을 지르며 우레 같은 박수를 보냈어요.

"그럼 자상이 잘했다는 사람들, 박수 한번 쳐 보시오."

'짝짝짝!'

너무 익숙한 이야기여서 그런지 자상에게 보내는 사람들의 박수 소리는 그리 크지 않았어요.

지켜보고 있던 김옹과 선화도 안타까운 표정을 지었어요. 드디어 심판이 최종 판결을 내려 주었어요.

"오늘 이야기책 낭독 대결은 업복의 승리로 끝났소! 이제부터 종로 이야기판의 새 주인은 업복이오!"

사람들은 업복을 향해 축하하는 박수를 쳐 주었어요. 오늘을 위해 열심히 낭독 실력을 갈고 닦았던 자상은 크게 낙담했어요. 업복은 보란 듯이 큰 소리로 웃고는 자리를 떠나갔지요.

　김옹과 선화가 자상을 어찌 위로할까 망설이고 있는데, 누가 자상에게 다가가 말을 건넸어요.
　"정말 잘하더구나."
　자상은 깜짝 놀라 무릎을 꿇고 큰절을 올리며 말했어요.
　"아버지!"
　자상의 아버지도 자식이 이야기책 낭독 대결을 펼친다는 소문을 듣고 궁금해서 나와 본 거지요. 자상이 집을 나온 지 얼마 되지 않았건만 아버지는 부쩍 늙어 보였어요. 그 순간 자상은 자기가 불효를 저질렀다는 생각에 저도 모르게 눈물을 주르르 흘렸어요.
　자상의 아버지는 예전과 달리 온화한 표정으로 부드럽게 말했어요.
　"최고로 유명한 전기수가 되겠다고 집까지 나간 녀석이 여기서 포기하진 않겠지?"
　아버지 입에서 뜻밖의 말이 나오자, 자상은 얼른 일어나 우렁찬 목소리로 대답했어요.

"그럼요! 아버지 말씀처럼 꼭 최고로 유명한 전기수가 되겠습니다."
"아무렴! 그래야 내 아들이지."
 아버지는 작별 인사도 없이 돌아갔어요. 자상은 그런 아버지의 뒷모습을 눈으로 배웅했어요. 하지만 그의 가슴속에는 조금 전의 실망감 대신 새로운 각오와 기쁨이 솟아나고 있었지요. 그 모습을 보고 선화도 믿음직스러운 마음에 살짝 미소를 지었어요.

영웅의 일생을 그린 소설
소대성전

중국 명나라를 배경으로 한 『소대성전』은 소대성이라는 영웅의 일생을 그린 '영웅 소설'이에요. 1700년대 무렵에 창작되어 많은 사람들에게 인기를 끌었고, 거리에서 직업적으로 책을 읽어 주는 전기수들이 즐겨 선택하는 작품이었어요.

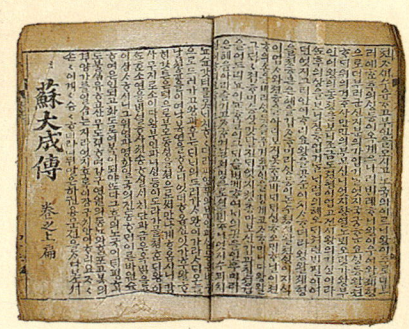

고난을 이기고 영웅이 된 소대성

귀한 신분으로 태어난 소대성은 열 살 때 부모를 잃고 집을 떠나 품팔이와 걸식을 하며 방랑 생활을 했어요.

그러던 중 이 승상이 소대성의 됨됨이를 알아보고 자기 딸 채봉과 혼인시키려 했어요. 그러나 채봉의 어머니와 형제들은 난데없이 나타난 소대성을 시기해 죽이려 하지요.

결국 소대성은 이 승상의 집을 떠나 다시 이리저리 떠돌아다녔어요. 소대성은 길에서 방황하다가 어느 절에 이르렀는데, 그 절은 소대성의 아버지가 시주를 했던 청룡사였어요. 청룡사 스님은 소대성을 따뜻하게 맞아 주었지요.

그때부터 소대성은 절에 머무르며 무예를 닦았어요. 그러던 어느 날 북쪽 오랑캐가 침입해 나라가 위태로워졌어요. 소대성은 곧장 전쟁터로 나가 그동안 쌓은 무예 실력을 발휘해 적을 무찔렀어요.

소대성이 오랑캐와의 싸움에서 연달아 이겨 나라가 안정되었어요. 그러자 황제는 소대성을 노나라의 왕으로 임명했답니다. 왕이 된 소대성은 자기와 혼인하기로 했던 채봉을 왕비로 맞아들였어요. 그 후 소대성과 채봉은 평화로운 노나라에서 행복하게 살았답니다.

세상이 어지러울 때 영웅을 찾는다

『소대성전』은 조선 후기 사람들에게 무척 인기 있는 소설이었어요. 우선 주인공이 멋졌어요. 소대성은 지략과 무예가 뛰어나고 둔갑술 같은 도술까지 마음대로 부릴 수 있었어요. 게다가 사랑하는 여인 채봉과 맺은 인연도 끝까지 지켜 주었지요. 조선 시대 사람들은 나라가 어지러울 때마다 영웅이 나타나 다시 평화를 찾아 주기를 바랐어요. 소대성은 사람들의 그런 바람에 꼭 맞는 영웅이었답니다.

규방으로 출장 낭독을 가다

사랑 사랑 내 사랑이야

전기수들은 한양의 거리와 다리 밑, 시장이나 가게 앞에서 청중을 모아 놓고 이야기책을 낭독했어요. 하지만 유명한 전기수들은 재상가나 양반가, 그 밖의 부유한 사람들의 집으로 불려 가 낭독해 주고 제법 큰 돈을 받기도 했지요. 특히 규방(여자들의 거처)의 아낙들은 그들의 주요 고객이었어요. 규방 여성들은 소설을 무척 좋아했지만, 평소 바깥출입이 자유롭지 못했기 때문이에요.

업복은 얼굴이 곱고 잘생긴 데다가 이야기책을 잘 읽어서, 어릴 때부터 여자 행세를 하고 규방에 드나들며 이야기책을 읽어 주었어요. 게다가 지난번 자상과의 낭독 대결에서 이긴 뒤로는 인기가 더욱 높아져서, 규방 여성들이 다투어 그를 불러다가 이야기책을 낭독시키곤 했지요. 바야흐로 업복은 최고로 인기 있는 전기수였던 거예요.

이날도 업복은 낮에는 종로의 이야기판에서 낭독을 하고, 밤이 되자 치마와 저고리를 입고 머리에 쓰개치마를 두른 채 어느 부유한 상인의 집을 찾아갔어요. 외간 남자를 함부로 규방에 들였다가 남편에게 들키는 날에는 큰일이 났기 때문에, 전기수들은 여자처럼 차리고 몰래 가서 낭독하곤 했지요. 다행히 그 남편은 지금 중국 사신을 따라 청나라에 무역하러 갔다고 했어요.

과연 부유한 상인의 집답게 넓은 방에 화문석이 깔리고, 그 중간에 발이 길게 드리워져 있었어요. 그 시절에는 남녀의 구분이 아주 엄격했기 때문에, 어쩔 수 없이 외간 남자를 상대해야 할 때는 이처럼 중간에 발을 치곤 했답니다. 주인 아낙은 발 안쪽에서 베개에 기대어 비스듬히 앉아 있고, 업복은 맞은편에서 목소리를 가다듬고 『춘향전』을 낭독하기 시작했어요. 늘 그러듯이 그는 유창하게 책을 읽었으며, 내용에 따라 온갖 연기를 했어요.

이윽고 『춘향전』의 '사랑가' 대목에 이르자, 업복은 자리에서 벌떡 일어나 춘향을 등에 업은 시늉을 하고 덩실덩실 춤을 추며 노래를 불렀어요.

"사랑 사랑 내 사랑이야. 어화둥둥 내 사랑이야. 우리가 인연이 되어 이렇게 만나게 되었구나. 사랑 사랑 내 사랑이야. 광한루에서 그네 뛰는 네 모습을 보고 선녀인 줄만 알았더니, 이제 보니 내 사랑이로구나. 사랑 사랑 내 사랑이야. 아무리 보아도 춘향이 너는 정말 선녀로구나. 사랑 사랑 내 사랑이야. 우리 두 남녀가 인연이 되어 이리 만났으니, 우리 함께 백 년 동안 살아 보자. 사랑 사랑 내 사랑이야. 어화둥둥 내 사랑이야."

업복은 자기가 춘향을 등에 업은 몽룡이라도 되는 양 어깨를 들썩이며 흥겹게 '사랑가'를 불렀어요. 아낙은 그 모습이 하도 사랑스러워 거의 넋을 잃고 바라보았어요.

업복은 자세를 바꿔 이번에는 몽룡의 등에 업힌 춘향이 되어 애교 섞인 목소리로 노래했어요.

"사랑 사랑 내 사랑이야. 어화둥둥 내 사랑이야. 도련님을 바라보니 전생에 헤어진 반쪽인가, 이생에 내가 찾던 낭군인가. 사랑 사랑 내 사랑이야. 도련님이 날 업고 어르고 달래니 내 사랑이 맞사온데, 이 내 몸은 부끄러워 얼굴을 들 수가 없네. 사랑 사랑 내 사랑이야. 어화둥둥 내 사랑이야."

업복은 몽룡의 등에 업힌 춘향이처럼 얼굴을 감싸고 갖은 교태를 부렸어요. 그러자 아낙은 보기에 민망스러운지 살짝 얼굴을 붉혔지요.

이윽고 업복이 '사랑가' 대목을 마치자, 아낙이 갑자기 낭독을 중단시켰어요. 그러고는 가까이 오라고 손짓해서 술 한 잔을 따라 주며 말했어요.

"역시 듣던 대로 사람의 혼을 쏙 뽑을 만큼 낭독을 잘하시는군요. 이 술 한 잔 마시면서 목도 축이고 땀도 좀 식히고 하세요."

"원래 낭독 중에는 술을 안 마시는데, 그것참……."

업복은 못 이기는 척하며 발 너머로 손을 뻗어 연거푸 술 석 잔을 받아 마셨어요. 아낙은 술을 따라 주면서 은근슬쩍 업복과 손도 부딪치고 눈길도 맞추었지요.

나더러 여자 행세를 하라고?

업복에게 종로의 이야기판을 넘겨준 뒤로, 자상은 다른 이름 없는 전기수들처럼 활터나 주막, 나루터, 약방을 이리저리 옮겨 다니며 겨우 생계를 이어 갔어요. 그곳들은 종로처럼 변화가는 아니지만, 그나마 사람들이 많이 모이는 곳이기 때문이지요. 설상가상으로 김옹마저 병이 심해져서 더는 낭독을 하지 못하자, 선화가 때때로 규방을 돌아다니며 서툰 솜씨로 이야기책을 읽어 주거나 방물장수로 화장품이나 거울, 비녀 따위를 팔러 다니며 근근이 생활을 꾸려 나갔어요.

다행히 이즈음 자상의 낭독 실력은 하루가 다르게 좋아졌어요. 이젠 별다른 실수 없이 이야기책 한 권을 암송할 뿐 아니라 도중에 청중과 스스럼없이 얘기를 주고받거나 농담을 건네기도 했어요.

이날도 자상은 숭례문 근처의 한 주막 앞에서 길 가는 사람들을 모아 놓고 땀을 뻘뻘 흘리며 『심청전』을 낭독해 주었어요. 이윽고 낭독을 끝낸 자상이 자기 앞에 떨어진 돈을 주섬주섬 챙기고 있는데, 옷을 잘 차려입은 한 여자가 다가와 조용히 물었어요.

"댁이 이 근방에서 제일 유명한 전기수 이자상입니까?"

"제일 유명한지는 잘 모르겠소만, 내가 전기수 이자상인 건 맞소. 한데 무슨 일로 그러시오?"

여자는 자기를 어느 재상댁 마님의 몸종이라고 소개하며, 이날 저녁 출장 낭독을 부탁했어요.

"출장 낭독이요? 난 그런 건 안 한다오."

지금까지 자상은 출장 낭독, 특히 여성들의 거처인 규방으로는 출장 낭독을 다니지 않았어요. 비록 저잣거리에서 낭독하는 것보다 큰돈을 벌 수는 있었지만, 사람들이 별로 좋게 생각하지 않았기 때문이에요. 실제로 일부 전기수들은 출장 낭독을 가서 부녀자들과 음행을 저지르기도 했거든요.

"꼭 좀 부탁합니다. 우리 마님이 오늘 여러 부인들을 초대해 잔치를 벌이고, 밤에 특별히 이야기책 낭독을 듣겠다고 하십니다. 품삯은 원하는 대로 드리지요."

그러자 자상은 마지못해 여종의 부탁을 받아들였어요.

"뭐, 낭독만 한다면야……."

그런데 그게 다가 아니었어요.

"아니, 지금 뭐라고 했소? 나더러 여자 행세를 하라니, 어찌 그런 해괴망측한 짓을 한단 말이오!"

자상이 버럭 성질을 내자, 여종이 웃는 얼굴로 자세히 풀어 일렀어요.

"오늘 모이는 분들은 지체 높은 집안의 마님들이고, 바깥양반들 모르게 조용히 전기수를 불러 낭독을 들으려는 겁니다. 그러니 반드시 여인 행색을 하고 밤에 몰래 찾아와야 합니다. 요즘같이 흉흉한 시기에 외간 남자를 규방에 들였다가 들키기라도 하면 세상이 한동안 시끄럽지 않겠습니까."

자상은 출장 낭독을 물리고 싶었어요. 하지만 삯바느질로 근근이 살아가는 어머니와 누이들의 모습이 머릿속에 스쳐 갔어요. 또 하루 벌어 하루 먹고사는 김옹과 선화의 얼굴도 눈에 밟혔고요. 아끼는 사람들의 어려운 처지가 떠오르자, 자상은 차마 자기 생각대로만 행동할 수 없었어요.

마침내 자상은 길게 한숨을 내쉬며 말했어요.

"알겠소! 내 그리하리다. 그깟 여장이 뭐 대수겠소."

그러자 여종은 오늘 밤 조심해서 아무 재상댁으로 찾아오라고 당부하고서 돌아갔어요.

밤이 되자 자상은 선화의 방에 몰래 들어가 분첩을 찾아 화장을 하고, 치마와 저고리를 겨우 껴입은 뒤 머리에 쓰개치마까지 둘러썼어요.

그러고는 느지막이 아무 재상댁을 찾아가니, 낮에 만난 그 여종이 대문 밖까지 나와 기다리고 있었어요. 여종은 여자로 변장한 자상의 모습을 보고서 고개를 숙인 채 킥킥거리며 억지로 웃음을 참았어요.

"왜 웃소? 사람 무안하게."

"아닙니다. 의외로 여장이 잘 어울리십니다, 킥킥."

자상은 여종을 따라 안채의 규방으로 들어가 쓰개치마를 벗었어요. 방 안에는 부인들 예닐곱 명이 빙 둘러앉아 있었는데, 서로 경쟁이라도 하듯 한껏 단장한 모습이었지요. 몸에 두른 것들은 모두 사치스러운 중국산 수입품이었고, 먹고 마시는 것들도 향기 좋은 고급술과 너비아니 같은 고기 안주였어요.

"이 야심한 시각에 여인 행색을 하고 여기까지 오느라 고생했소. 듣자 하니 저잣거리에서 꽤 유명한 전기수라던데, 오늘 솜씨 한번 제대로 발휘해 보구려."

주인마님이 꽤나 점잖은 투로 말했어요.

"예, 변변찮은 솜씨지만 재주껏 낭독해 보겠습

니다."

자상은 평소처럼 왼손에는 『심청전』을, 오른손에는 부채를 들고서, 구성진 목소리에 화려한 몸동작으로 낭독을 해 나갔어요. 부인들은 저마다 편한 자세로 앉아 이야기 속으로 빠져들었어요.

심청이 태어나자마자 곽씨 부인이 죽는 대목, 심 봉사가 갓난아이를 안고 젖동냥하러 다니는 대목, 심청이 일곱 살이 되자 혼자서 구걸하여 아버지를 봉양하겠다는 대목, 공양미 삼백 석을 구하기 위해 몸을 파는 대목을 지나, 어느덧 심청이 인당수에 빠지는 대목에 이르렀지요.

심청이 거동 보소. 뱃머리에 올라서니 높다란 파도며, 울울울 바람 소리, 거친 풍랑이 뱃머리를 탕탕 치니, 심청이 깜짝 놀라 뒤로 털썩 주저앉으며,

"아이고, 아버지! 다시는 못 보겠소. 이 물에 빠지면 정녕 고기밥이 되겠네."

하더라.

자상은 베개 위에 올라서서 심청처럼 몸을 이리저리 비틀거리다 주저앉으며 애절한 목소리로 낭독했어요. 그러자 듣고 있던 부인들도 안타까워하면서 한마디씩 거들었지요.

"아이고, 불쌍한 우리 심청이!"

"쯧쯧, 하늘도 무심하시지! 어찌 저런 착한 아이를 물에 빠져 죽게 할꼬?"

자상은 다시 일어나 두 손을 모으고 천장을 올려다보며 슬픈 어조로 낭독했어요.

 심청이 두 손을 모으고 하느님께 빌기를,
"도화동 심청이가 아버지 눈을 띄우려 목숨을 바치오니, 하느님이 굽어 살피사 아버지가 수일 내에 눈을 떠서 밝은 세상을 보게 하옵소서."
빌기를 다한 후에 뱃사람들을 돌아보며 말하기를,
"편안히 바다 건너 큰돈을 벌어 고향으로 돌아갈 적에, 도화동에 찾아가서 우리 아버지 눈 떴는가 부디 한번 살펴보오."
뱃머리에 썩 나서서 넓고 푸른 바다를 안방으로 알고 풍덩 빠지니, 순식간에 바람이 사라지고 물결이 고요하더라. 사공들이 하는 말이,
"이게 다 효녀 심청이의 덕이로다."
술과 고기를 나눠 먹고 돛을 펼치고 남경으로 향해 가니라.

자상은 심청처럼 베개에서 훌쩍 뛰어내리며 인당수에 빠지는 시늉을 했어요. 그러고는 실제로 물에 빠져 죽은 것처럼 치마폭에 얼굴을 묻고 한참 동안 일어나지 않았지요. 그 모습을 지켜보던 부인들은 모두 애통해하며 흐느끼다 못해 울음바다를 이루었어요. 심청의 모습을 보며 자신들의 불효에 대한 후회, 평생 규방에만 갇혀 살아가는 서글픈 처지 등을 떠올리며 한없이 눈물을 흘렸어요.

얼마 후 자상은 다시 일어나 『심청전』을 계속 낭독했어요. 부인들은 심청

이 연꽃에서 되살아나는 대목에서는 덩실덩실 어깨춤을 추며 좋아했고, 심청이 황후가 되고 결국 아버지의 눈을 뜨게 하는 대목에서는 큰 박수를 치기도 했어요. 그렇게 『심청전』 한 권을 낭독하니, 어느덧 새벽이 다가오고 있었어요.

드디어 낭독을 모두 마치자, 부인들은 박수를 치며 이구동성으로 자상의 낭독 솜씨를 칭찬했어요. 주인마님도 흡족한 표정으로 다가와 자상에게 말했어요.

"정말 재미있게 잘 들었소. 역시 이야기책은 전기수의 낭독으로 들어야 제맛인 듯하오."

"황송하옵니다, 마님!"

"그래 『심청전』 말고 또 어떤 이야기책을 잘 읽는고? 품삯은 넉넉히 챙겨 줄 테니, 다음에도 찾아와서 이야기책을 낭독해 주게."

그러자 자상은 부끄러워 뒤통수를 긁적이며 말했어요.

"송구하옵니다만, 제가 가진 재주는 오로지 『심청전』 낭독뿐이옵니다."

전기수들은 보통 『심청전』이나 『춘향전』, 『숙향전』, 『소대성전』, 『설인귀전』 같은 비교적 짤막한 소설을 몇 편씩 익혀 두고 번갈아 가며 낭독하곤 했어요. 하지만 자상은 딱히 마음에 드는 소설을 구하지 못해 아직까지는 『심청전』만 낭독하고 있었지요.

"아니, 『심청전』만 낭독해서야 어찌 먹고살 수 있겠소? 이다음에 좋은 이야기책을 익히거든 꼭 다시 찾아와 주오."

"예, 마님."

주인마님은 못내 아쉬워하며 이날 품삯으로 제법 묵직한 돈꿰미와 술, 안주 따위를 챙겨 주었어요. 자상은 어떻게든 새 이야기책을 구하겠다고 마음먹고 새벽안개를 헤치며 집으로 돌아왔어요.

이야기책 짓는 법

이튿날, 해가 중천에 떠서야 일어난 자상은 어젯밤에 있었던 일을 선화에게 들려주었어요. 그러자 선화가 배꼽을 잡고 웃으면서 말했어요.
"호호호, 오라버니가 여자 행세를 하고 출장 낭독을 갔다고요? 정말 볼 만했겠네요."
"아이, 너무 그러지 마. 식구들을 먹여 살리려면 어쩔 수 없잖아."
그러고 나서 자상은 갑자기 진지한 표정을 지으며 말했어요.
"선화야! 나도 이제는 어떻게 해서든 새 이야기책을 구해서 익혀야겠어. 어젯밤에도 사람들한테 『심청전』밖에 낭독할 줄 모른다는 소리를 하면서 얼마나 창피했는지, 원."
"그러니까 내가 진작부터 새 이야기책을 연습해야 한다고 했잖아요. 지금 당장이라도 광통교에 나가 보자고요."
이날 오후 자상은 선화와 함께 세책가에 가서 새로운 이야기책을 찾아보았어요. 하지만 그곳에는 수십 권에 이르는 장편소설이 대부분이라 전기수들이 낭독하기에 적당한 책을 구할 수가 없었어요.

두 사람은 다시 박도량 서사를 찾아갔어요. 그곳은 일반 사람들뿐 아니라 책장수들도 자주 출입하는 서점이었지요. 그래서인지 규모도 매우 크고, 온갖 책들이 고루 갖추어져 있었어요.

자상이 서점 안을 이리저리 돌아다니며 이야기책을 찾고 있는데, 어딘지 모르게 익숙한 사람의 뒷모습이 눈에 들어왔어요. 바로 지난번에 자상에게 『심청전』을 팔았던 기이한 책장수 조생이었지요. 조생은 오늘 팔러 갈 책을 사러 왔는지 뒷짐을 지고 서서 한창 책을 고르고 있었어요. 당시 책에 대해서는 조생만큼 잘 아는 사람이 없었기 때문에, 자상은 곧장 그에게 다가가 물었어요.

"아니, 조생 아저씨 아니세요? 요즘 새로 나온 이야기책 중에 가장 인기 있는 책이 뭔가요? 전기수들이 낭독할 만한 것으로요."

"응, 그야 당연히 『소대성전』이지."

"『소대성전』이요? 그건 이미 업복이 놈이 익혀서 낭독하고 있잖아요. 혹시 다른 건 없나요?"

"글쎄, 그것 말곤 없는 것 같은데. 전기수들이 낭독하려면 길이가 짧고 영웅적인 이야기라야 할 텐데, 그런 작품이 어디 많아야 말이지."

그 말에 자상이 낙담한 채 고개를 숙이고 있자, 조생이 갑자기 떠오른 생각을 말했어요.

"옳지, 그러지 말고 자네가 직접 새 이야기책을 지어 보지그래. 자네도 꽤 인기 있는 전기수 아닌가."

"저보고 이야기책을 지으라고요? 에이! 말도 안 돼요."

"왜? 자네 스승 김옹도 예전에 이야기를 많이 지어서 사람들한테 들려주지 않았는가."

"그건 모두 짤막한 이야기들이었잖아요. 전 지금 한나절 넘게 낭독할 수 있는 이야기책을 찾고 있다고요."

자상이 계속 자신 없어 하자, 선화가 다가와 은근슬쩍 부추겼어요.

"정말 오라버니라고 새 이야기책을 짓지 못하란 법은 없잖아요. 평소 낭독하던 대로 지으면 되잖아요? 게다가 오라버니는 어릴 때부터 이야기책을 많이 읽었다면서요."

그래도 자상은 한참 동안 주저하다가 선화가 계속 권하자 마지못해 조금씩 관심을 보이기 시작했어요.

"음, 한번 그래 볼까?"

하지만 막상 이야기책을 지으려 하니, 무슨 이야기를 지어야 할지 쉽게 떠오르지 않았어요.

"그런데, 대체 이야기책은 어떻게 짓는 거지?"

그러자 선화가 문득 생각이 떠올라 자상에게 말했어요.

"아버지께서 이야기를 많이 알고 있으니, 일단 집에 가서 아버지한테 여쭤 봐요."

두 사람은 조생과 작별 인사를 나누고 곧장 집으로 달려갔어요. 김옹은 여전히 자리에 누워 있고, 가끔씩 마른기침을 해 대었지요. 자상이 곁에 앉아 앞뒤 사정을 말하니, 김옹은 눈을 감은 채 한참 동안 생각하다가 대답했어요.

"길이가 짧고 영웅 이야기라면, 임경업이 어떨까 싶다."

"예, 임경업이요?"

"임경업은 인조 임금 시절의 명장으로, 호국(청나라)에 대항했던 인물이지. 하지만 간신 김자점의 모함을 받아 억울하게 죽고 말았단다."

김옹의 얘기가 끝나자, 선화가 먼저 자기 생각을 말했어요.

"임경업은 너무 비극적인 영웅 같아요."

그러나 자상은 매우 기뻐하며 말했어요.

"아뇨, 딱 좋아요. 영웅이 모함을 받아 안타깝게 죽었으니, 사람들이 더 분하고 슬퍼할 거예요. 임경업으로 새 이야기책을 짓고 싶어요."

그러고는 김옹에게 다시 물었어요.

"그런데 스승님, 이야기책은 대체 어떻게 짓는 건가요?"

"아까 말한 임경업의 행적에다 이것저것 살을 붙여서 만들면 된단다."

"이것저것 살을 붙이다니요? 대체 무슨 말씀인지 좀 더 자세히 말씀해 주세요."

"먼저 임경업에 얽힌 이야깃거리부터 모으거라. 그런 다음 임경업의 평생 발자취를 죽 따라가되, 부족한 부분은 네 나름대로 채우면서 재미있게 이야기를 만들거라. 좋지 않은 내용은 좋게 바꾸기도 하고."

"그럼 이야기가 사실과 조금 달라도 되는 건가요?"

"어차피 이야기책이니까 조금은 달라도 상관없겠지. 사실보다는 그 안에 담긴 진실을 보려고 하거라."

김옹은 말을 너무 많이 해서인지 또다시 '켁켁!' 하고 마른기침을 했어요.

그 뒤로 자상은 틈날 때마다 임경업에 관한 이야깃거리를 모으면서, 어떻게 이야기를 만들 것인지 구상했어요. 그리고 마침내 얘기하고 싶은 마음이 간절해지자, 평소 청중에게 소설을 낭독하듯이 입으로 말하면서 조금씩 이야기를 써 나갔어요.

'이 이야기책을 완성하고 성공을 거두면 꼭 선화에게 청혼하자!'

그렇게 다짐하니 더욱 창작 의욕이 솟아났어요.

쿠바 담배 공장의
전기수

 전기수는 우리나라뿐 아니라 외국에도 있었어요. 가까운 중국은 물론이고 지구 반대편에 있는 작은 나라 쿠바에도 전기수가 있었지요.
 쿠바는 질 좋은 담배를 생산하는 나라로 유명했어요. 1865년, 담배 제조업자이자 시인이었던 사투르니노 마르티네스는 담배 공장 노동자를 깨우쳐 주기 위해 신문을 창간했어요. 그런데 문제는 정작 신문을 읽을 줄 아는 노동자들이 별로 없었다는 거예요. 당시 쿠바 노동자들 가운데 글을 읽을 줄 아는 사람은 많지 않았거든요. 그래서 사투르니노 마르티네스가 생각해 낸 것이 책을 읽어 줄 전기수를 고용하는 것이었어요. 전기수에게 줄 품삯은 노동자들이 조금씩 모아서 주었지요. 담배 공장에서 많이 읽혔던 책은 역사책과 역사 소설, 정치학과 경제학 책들이었다고 해요.
 쿠바의 노동자들은 전기수가 들려주는 이야기를 들으며 힘들고 반복되는 노동의 피로를 달랬어요. 또 세상의 옳지 못한 모습과 자기들이 놓인 현실을 깨닫기도 했고요. 시간이 흐르면서 쿠바의 통치자들은 이들 전기수의 책 읽기를 매우 위험하다고 여겨 금지했대요. 노동자들이 책을 통해서 통치자들의 잘못을 알게 될까 봐 두려웠기 때문이지요.

시련을 이겨 낸 굳은 사랑 이야기
춘향전

『춘향전』은 기생 월매의 딸 춘향과 양반집 자제인 이 도령의 사랑 이야기예요. 춘향은 아무리 어려운 상황에서도 절개를 잃지 않는 굳은 의지를 보여 주지요. 조선은 엄격한 신분제 사회였는데, 춘향과 이 도령은 신분을 뛰어넘은 진실한 사랑을 보여 주었어요.

판소리를 소설로 만들다

『춘향전』은 조선 정조 임금 무렵에 판소리 「춘향가」를 소설로 옮겨서 쓴 것이에요. 그런데 『춘향전』은 종류가 무려 120가지나 된다고 해요. 옛날부터 이야기책은 여러 사람이 돌려 보고 베껴 쓰며 퍼뜨렸어요. 그러다 보니 조금씩 이야기가 덧붙거나 덜어지곤 했던 것이지요. 그만큼 『춘향전』은 그 시대 사람들에게 널리 읽히고 사랑받은 작품이었답니다.

소설 속 역사

옛날에는 신분이 다른 사람끼리 결혼을 못했나요?

조선은 철저한 신분제 사회였어요. 사람마다 태어날 때부터 양반·중인·평민·천민 같은 신분이 정해져 있었던 것이지요. 그래서 아무리 사랑하는 사람끼리라도 서로 신분이 다르면 결혼하기가 어려웠어요. 특히 두 사람이 천민과 양반일 때는 더욱 그러했지요. 집안의 반대가 심하기도 했거니와, 막상 결혼하면 자식들이 천민 신분으로 떨어져 사회적인 제약을 많이 받았기 때문이에요.

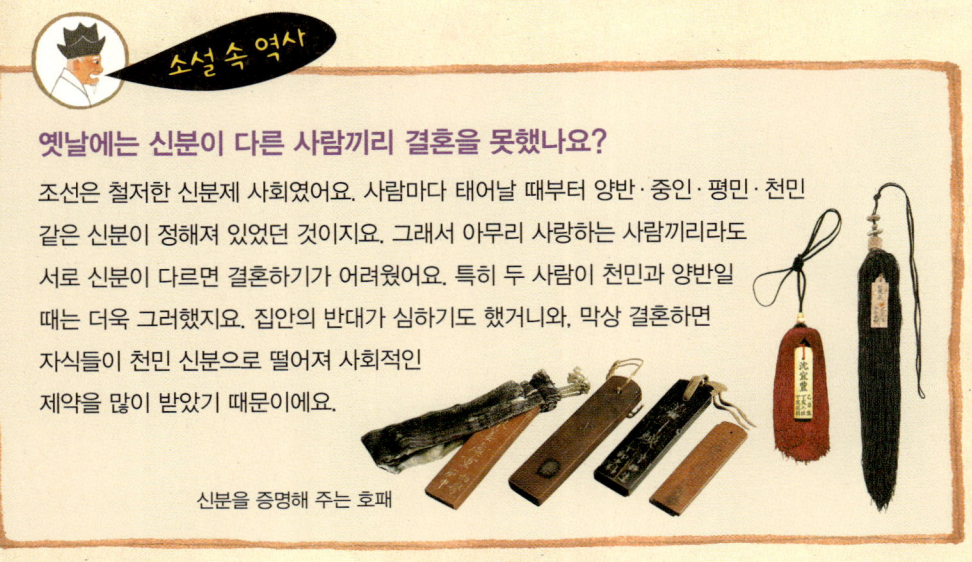

신분을 증명해 주는 호패

춘향과 이몽룡의 사랑과 이별, 그리고 만남까지

조선 숙종 임금 시절, 남원 부사의 아들 이몽룡이 그네 타는 춘향을 보고 한눈에 반했어요. 그날 밤 몽룡이 춘향의 집을 찾아가 두 사람은 백년가약을 맺었답니다. 그런데 몽룡의 아버지가 갑자기 한양으로 올라가게 되어 두 사람은 헤어지고 말았어요.

그 뒤 남원 부사로 새로 부임한 변학도가 예쁘기로 소문난 춘향을 불러 수청을 들라고 하지요. 그러나 춘향은 이미 결혼을 약속한 사람이 있다면서 수청을 거부하다 옥에 갇혔고, 변학도는 자기 생일에 춘향을 처형하겠다고 했어요.

한편 한양으로 간 몽룡은 과거에 급제하여 암행어사가 되어 남원으로 다시 내려왔어요. 드디어 변학도의 생일잔치 날, 몽룡은 "암행어사 출두야!"를 외치며 들이닥쳐 변학도를 벌주고 춘향을 구해 주었어요. 그리하여 춘향은 곧은 절개를 칭송받으며 몽룡과 함께 행복하게 살았답니다.

조정의 전기수 탄압

업복의 음행 사건

이즈음 업복은 최고의 인기를 누리는 전기수였어요. 그래서 여기저기 그를 찾는 사람들이 매우 많아졌지요. 특히 관아의 하급 관리인 어느 서리 부부는 업복의 낭독 솜씨에 빠져서 자주 집으로 불러 거의 먹여 살리다시피 했고, 서로 일가친척처럼 아주 가깝게 지냈어요.

그 서리 부부에게는 궐녀라는 딸이 하나 있었는데, 용모가 아름답고 단정한 데다 마음씨도 곱고 온화했어요. 언제부터인지 궐녀를 몰래 짝사랑하던 업복은 날이 갈수록 흠모하는 마음이 지나쳐 가슴속이 타오르는 듯했어요. 그러나 궐녀는 업복의 마음을 모른 척하며 계속 받아 주지 않았어요.

하루는 추석이 되어 서리 부부는 성묘를 하러 떠나고, 궐녀만 혼자 집에 남아 있었어요. 조용한 집에 있으니 업복은 마치 자기가 그 집의 주인이 된 듯한 착각에 빠졌어요. 그러자 슬슬 방자한 마음이 들었어요. 업복은 안채로 몰래 들어가 마당에 나와 있는 궐녀의 손을 덥석 잡더니 껴안기까지 했어요. 깜짝 놀란 궐녀는 화를 내고 때리기도 했지만, 업복은 더욱 얄밉게 능글거릴 뿐이었어요. 그 뒤로도 한동안 업복은 궐녀만 보면 추근거리며 꽁무니를 졸졸 따라다녔어요.

그런데 어느 날 갑자기 궐녀가 이상한 소리를 하기 시작했어요.

"히히히, 저승에 있는 서왕모가 나더러 얼른 오래. 내게 더 이상 맑은 기운이 없으니, 어서 세상 인연을 끊고 하늘로 돌아오래. 난 이제 서왕모에게 갈 거야."

그러면서 궐녀는 하늘을 쳐다보고 웃으며 혼자서 말하기도 하고, 자기 옥가락지를 빼어 지나가는 사람에게 끼워 주려고도 하고, 남의 신발을 벗겨 자기 발에 끼기도 하는 등 이상한 행동을 계속했어요.

그러던 어느 날 궐녀는 흔적도 없이 사라져 버렸어요. 서리 부부가 사방으로 돌아다니며 찾아봤지만 끝내 궐녀를 발견할 수 없었어요. 서리 부부는 업복을 의심할 수밖에 없었고, 오늘날의 경찰서인 포도청으로 가서 포도대장에게 고발했지요.

"우리 부부가 업복의 재주에 반해 자주 집으로 불러 이야기책을 낭독하게 했고, 서로 일가친척처럼 터놓고 지냈습니다. 지난 추석 때 우리는 딸만 집에 놔두고 성묘를 다녀왔습죠. 그런데 우리가 성묘를 다녀온 뒤로 딸이 이상한 소리와 행동을 하더니만, 어느 날 갑자기 흔적도 없이 사라져 버린 겁니다. 그동안 우리 집에 자주 드나든 사람은 업복뿐이고, 또 소문을 들으니 업복이 우리 딸을 졸졸 따라다니며 추근댔다지 뭡니까. 그러니 업복을 잡아다가 잘못을 낱낱이 파헤쳐 우리 딸의 억울함을 풀어 주소서."

포도대장이 업복을 잡아들여 심문해 보니, 과연 그 말들은 모두 사실이었어요. 포도대장은 분노하여 업복을 감옥에 가둔 뒤, 이 사실을 당장 임금에게 보고했어요.

임금도 그 사건을 보고받고 크게 노여워하며 큰 소리로 말했어요.

"소설은 정말 인간의 재앙 중에 가장 큰 재앙이로다. 특히 사람들에게 음란함과 도둑질을 가르치는 아주 나쁜 것이다. 거기에다 요새는 소설을 읽어 주는 전기수들이 극성을 부려 나라의 풍속을 어지럽히고 있다. 대체 이 일을 어찌해야 한단 말인고?"

그러자 신하들이 두 패로 나뉘어 격렬한 논쟁을 벌였어요.

"전하! 전기수들이 거리에서만 이야기책을 낭독하는 것이 아니라, 아녀자들의 거처인 규방에까지 드나들며 내외 분별의 규범을 어기고 있사옵니다. 또 심한 경우는 이업복처럼 음행을 저지르기도 합니다. 그러니 전기수들을 모두 잡아들여 곤장을 치고 유배를 보내, 다시는 도성에서 활동하지 못하게 해야 하옵니다."

"아니 되옵니다, 전하! 요즘 나라 안에 전기수들이 유행하여 말썽을 일으키고 있는 것은 사실이오나, 그렇다고 모든 전기수를 완전히 없애 버릴 수는 없사옵니다. 더욱이 전기수는 무지하고 가난한 백성과 규방의 아녀자들에게 없어서는 안 될 즐길 거리이옵니다. 그러니 물의를 일으킨 전기수 이업복만 처벌하면 될 것이옵니다."

"아니올시다! 이번 기회에 모든 전기수들을 유배 보내 아예 뿌리를 뽑아 버려야 할 것입니다."

"그건 빈대를 잡으려다 초가삼간을 다 태우는 격이잖소. 전하! 이업복의 일을 가지고 모든 전기수를 없앤다는 것은 너무 지나친 처분이옵니다."

신하들의 찬반 의견이 팽팽한 가운데, 임금은 어느 한쪽으로 쉽게 결정을 내릴 수가 없었어요.

그때 포도대장이 한 걸음 앞으로 나와 큰 소리로 아뢰었어요.

"전하! 사실 전기수의 음행 사건은 이번만이 아니었습니다. 예전 일이옵니다. 도성에 어떤 상민이 있었는데, 얼굴에 눈썹을 그리고 분을 바르며,

아녀자들이 좋아하는 한글 소설을 익혔습니다. 그는 이야기책을 아주 잘 읽었을 뿐 아니라 목소리조차 아녀자와 같았습니다. 그러다가 갑자기 어디로 자취를 감추었는데, 알고 보니 여자 행세를 하고 규방에 들어가 이야기책을 낭독해 주며 아녀자들과 음란한 짓을 하곤 했던 것입니다."

포도대장의 말을 들은 임금은 자리에서 벌떡 일어나 신하들에게 분부했어요.

"경들은 들으시오! 전기수 이업복은 특별히 곤장을 쳐서 멀리 함경도로 유배 보내고, 나머지 전기수들도 붙잡아서 멀리 유배 보내도록 하시오. 그래서 전기수들이 다시는 도성에서 활동하지 못하게 하시오."

"예이!"

어명이 떨어지자 포졸들은 바쁘게 움직이기 시작했어요. 도성의 거리는 때아닌 전기수 체포로 한동안 난리법석을 치렀지요.

결국 업복은 곤장을 맞고 멀리 함경도로 유배를 갔어요. 자상도 포도청에 잡혀가 곤장을 맞고 한양에서 비교적 가까운 충청도로 유배를 가게 되었고요.

자상이 유배를 떠나던 날, 선화가 주먹밥과 돈을 조금 챙겨 들고 남대문 밖으로 배웅을 나왔어요. 자상은 곤장을 맞은 게 채 낫지 않아 다리를 절뚝거리며 포졸들에게 이끌려 유배지를 향해 걸어가고 있었어요. 선화는 포졸들에게 잠시만 쉬었다가 가도록 부탁한 뒤, 길가에 앉아 자상에게 주먹밥을 먹이고는 말했어요.

> ### 조정의 전기수 탄압
>
> 조선 시대 후기에는 전기수의 수가 크게 늘어나면서 여러 가지 문제가 일어났어요. 이 업복처럼 부잣집에 불려 다니며 소설을 읽어 주다가 아녀자들과 음행 사건을 일으키기도 하고, 어느 상민은 여자 행세를 하고 규방에 들어가 이야기책을 낭독해 주어 풍속을 어지럽히기도 했어요. 그러자 조정에서는 말썽을 일으킨 전기수들을 붙잡아 처벌했고, 양반 사대부가에서는 아녀자들에게 소설 자체를 읽지 말라고 단속하기도 했어요. 특히 영조 임금 때에 가장 큰 전기수 탄압 사건이 일어났어요.

"몸 건강히 잘 다녀오세요, 오라버니. 내가 힘닿는 대로 귀양살이를 뒷바라지할게요. 오라버니 부모님 소식도 종종 알아봐서 전해 줄게요."

"정말 고마워. 유배에서 풀려나 돌아오면 꼭 은혜를 갚을게."

자상은 왈칵 눈물이 쏟아질 것만 같아서 얼른 일어나 뒤도 돌아보지 않고 길을 떠났어요.

유배지에서 완성한 『임경업전』

오늘도 자상은 『임경업전』을 짓느라 진땀을 빼고 있었어요. 방바닥에 엎드려 종이를 펼쳐 놓고 가는 붓을 들고는, 마치 이야기책을 낭독하듯 입으로 중얼거리며 한 구절씩 써 내려갔어요.

이날 밤 임금의 꿈에 죽은 임경업이 찾아와 엎드려 아뢰기를,

"간신 김자점이 저를 모함하고 이번에는 반역의 뜻까지 품고 있으니, 전하께서는 깊이 살피소서."

말을 마치고는 간 데가 없더라. 임금이 즉시 김자점을 잡아들여 심문하고 죄를 밝힌 뒤 특별히 임경업의 셋째 아들을 불러 말씀하시기를,

"아버지의 원수를 갚도록 하라."

이후 임금이 임경업의 장례를 후하게 치러 주고, 또 축문까지 지어 제사를 지내도록 하시니라. 그날 밤 임금이 또다시 꿈을 꾸니, 죽은 임경업이 이전과 같이 찾아와 엎드려 아뢰기를,

"신이 충성을 다하지 못하고 갑자기 죽었삽거늘, 전하께서 제 원수를 갚아 주시니 여한이 없사옵니다. 다만 호국을 멸망시키지 못했으니 그것이 한이옵니다."

말을 마치자 문득 자취가 없더라.

이윽고 자상은 붓을 놓고 일어나 흐뭇한 표정으로 소리쳤어요.

"드디어 『임경업전』을 다 지었도다!"

유배 온 지 몇 년이 지나서야 비로소 『임경업전』을 완성한 것이었어요.

자상은 그동안 충청도에 있는 어느 역졸의 집에서 유배 생활을 했어요. 역졸이란 역에서 심부름하는 사람인데, 그 역졸은 살림이 구차하기가 이루 다 말할 수 없었지요. 자상은 그 집에 얹혀살면서 대문 밖으로는 한 발짝도 나갈 수 없었어요. 그는 날마다 집 안에서 말을 기르고 심부름을 다니는 역

졸의 일을 도와주며 겨우 끼니를 해결했어요. 옷은 가끔 선화가 보내 준 것으로 해결했고요.

 자상이 유배 온 뒤에 스승 김옹은 결국 병으로 세상을 떠나고, 선화는 방물장수를 해 조금씩 돈을 벌어 자상을 뒷바라지해 주었으니, 선화도 유배만 가지 않았을 뿐 고생하기는 자상과 마찬가지였던 거지요. 그런 선화를 생각할 때마다 자상은 미안하고 고마운 마음에 가슴이 아팠어요. 그래서 틈나는 대로 『임경업전』을 짓기에 몰두했고, 오늘에야 비로소 완성한 것이었어요.

 자상이 이야기책을 완성하고 혼자서나마 기뻐하고 있을 때, 방문 밖에서 집주인인 역졸이 큰 소리로 말했어요.

 "이씨, 있소?"

 "왜 그러시오?"

 "한양에서 편지와 물건이 왔소. 이씨는 좋겠수다. 철마다 부인이 옷을 보내 주니 말이오."

 자상이 방문을 열고 받아 보니, 역시나 선화가 보낸 편지와 옷 보따리였어요. 아직 정식으로 혼인하지는 않았지만, 자상과 선화는 서로를 부부처럼 생각하고 있었어요. 자상은 선화를 생각하며 웃는 얼굴로 편지를 펼쳤어요. 그런데 편지의 내용은 청천벽력 같은 소식이었어요.

 이달 보름, 당신 어머니가 세상을 떠나셨어요.
 그리 알고, 건강 잘 챙기세요.

자상이 유배 온 지 얼마 안 돼 아버지가 화병으로 세상을 떠났어요. 그때부터 어머니는 혼자서 삯바느질로 겨우겨우 살림을 꾸려 왔지요. 한데 이제 어머니마저 세상을 떠나고 만 거예요. 자상은 목이 메어 두 손으로 얼굴을 감싸고 울기 시작했어요.

"으흐흑, 어머니! 이 불효자식을 용서하세요. 이 못난 자식은 어머니가 돌아가셨다는 소식을 듣고도 달려갈 수가 없습니다. 아! 어머니, 저를 용서하세요."

역졸도 그저 눈물만 흘리며 바라보고 있었어요.

얼마 후 자상이 조금 진정하자, 역졸이 다가와 문턱에 걸터앉으며 말했어요.

"당신 인생도 참 기구하구려. 아버지 말씀대로 경전이나 공부해서 서리가 될 것이지, 왜 하필 힘든 전기수가 되었소? 서리 노릇이면 그나마 평탄하게 살 수 있었을 텐데……."

"아니오! 난 아버지처럼 평생 양반들 뒤치다꺼리나 하며 살고 싶지는 않았소. 세상에 태어난 이상, 나도 뭔가 뜻있는 일을 하고 싶었소. 그래서 찾은 것이 거리의 이야기꾼인 전기수였소. 전기수는 그저 이야기책만 읽어 주고 돈을 받는 것이 아니라, 무지하고 가난한 사람들에게 재미있는 이야기를 들려주면서 세상 사는 법을 가르쳐 준다오."

그래도 역졸은 여전히 이해할 수 없다는 듯이 다시 물었어요.

"말이야 그럴듯하지만, 한 번뿐인 인생을 왜 그리 힘들게 살려 하시오?"

"한 번뿐인 인생이니까 더욱 값지게 살아야 하지 않겠소? 난 이 일을 절대 포기하지 않을 것이오. 이제 『임경업전』도 완성했으니, 유배에서 풀려나 한양으로 가면 다시 거리에 서서 최고로 유명한 전기수가 되렵니다."

"쯧쯧쯧, 당신 고집도 참 대단하구려!"

역졸은 자상의 처지가 못내 안타까워 혀를 찼어요.

사랑방의 옛이야기

세월이 흘러 관아의 감시가 조금씩 느슨해지자, 자상은 끼니를 해결하기 위해 유배지를 벗어나 가까운 이웃 마을을 돌아다녔어요.

눈발이 조금씩 날리는 추운 겨울날이었어요. 이런 날씨에 시골 사람들은 보통 뜨끈한 사랑방에 모여 새끼를 꼬거나 노름을 하곤 했지요. 오늘도 자상은 남의 잡일이라도 해 주고 먹을거리를 구하기 위해 이웃 마을을 돌아다니고 있었어요. 산 밑에 있는 어느 큰 집을 찾아가니, 사랑방에서 왁자지껄하게 떠드는 소리가 들려왔어요. 자상이 가까이 다가가 귀를 기울여 들어 보니, 한 영감이 「소가 된 상좌」라는 옛이야기를 구성지게 들려주고 있었어요.

영감은 먼저 사람들을 향해 물었어요.

"자네들, 동자승 알어?"

"동자승? 그거 꼬마 중 아니오?"

"맞어. 자네들도 절에 가 봤지? 절에 꼬마 스님이 있잖어. 그런 스님을 동자승이라고 해."

그러고 나서 영감은 본격적으로 이야기를 시작했어요.

"옛날 옛적에 한 동자승이 있었어. 그 동자승이 똑똑하고 말도 잘 듣고 하니까 큰스님이 자주 심부름을 보냈지. 하루는 동자승이 마을에 심부름을 갔다가 돌아오는데, 논가에 누렇게 익은 벼 이삭이 보여. 벼 이삭이 잘 익어서 고개가 축축 늘어져 있었지. 동자승이 그걸 보고 어떻게 했을 것 같어?"

영감의 질문에 여기저기서 한마디씩 던졌어요.

"이삭을 꺾어다가 까먹지 않았소? 아, 얼마나 배고프겠소. 밤낮으로 심부름을 다니는데."

"허허, 자네 같은 소리 말어! 그러다가 큰스님한테 들켜 혼날 일 있는가."

"에잇, 궁금해 죽겠네! 영감님, 얼른 좀 얘기해 주시오."

영감은 모두 틀렸다는 뜻으로 고개를 가로저으며 말을 이어 갔어요.

"벼 이삭이 하도 탐스러워서 동자승이 세 개를 끊어 가지고 절에 돌아왔는데, 큰스님이 그걸 보고 물었어. '왜 그걸 끊어 가지고 왔느냐?' '예, 벼 이삭이 하도 탐스러워서 대체 낟알이 몇 개나 붙었나 세어 보려고 끊어 가지고 왔습니다.' 그래 큰스님이 어떡했겠어? 당연히 불호령을 내렸지. '그 주인이 피땀 흘려 농사를 지어 놨는데, 네가 장난삼아 벼 이삭을 끊어 왔으니 그 죄가 아주 크다. 이제 내가 너를 소로 만들 터이니, 그 집에 가서 이삭 하나에 일 년씩 모두 삼 년을 일하고 돌아오너라.' 큰스님은 이렇게 말하고 나서 동자승을 소로 만들어 마을로 내려보냈어."

그 말에 벌이 너무 지나치다며 사람들이 이구동성으로 따지고 들었어요.

"벼 이삭 하나에 일 년씩 모두 삼 년을 일하고 오라니, 정말 너무한 거 아니오?"

"큰스님은 그 어린것이 불쌍하지도 않았나?"

"게다가 하필 소로 만들 건 또 뭐야?"

방 안이 소란스러워지자, 영감이 손으로 방바닥을 땅땅 내리치며 큰 소리로 말했어요.

"아, 조용히들 좀 해! 큰스님이 뭐가 너무하다는 거야. 아이들 버릇을 고칠 땐 아주 호되게 해야 하는 법이야. 그래야 다시는 그런 짓을 안 하거든."

그러고는 계속해서 이야기를 들려주었어요.

"소가 된 동자승이 그 벼 이삭의 주인집 앞에 가서 '음매!' 하고 울고 있으니까, 주인이 데려다가 외양간에 매어 놓았어. 아무리 기다려도 찾아가는 사람이 없었으니까. 그 뒤로 동자승은 삼 년 동안 밭도 갈고 논도 갈고, 풀 먹고 외양간에서 자면서 억척스럽게 일을 했어."

사람들은 하나같이 동자승을 불쌍해하며 쯧쯧쯧 혀를 찼어요. 영감은 상관하지 않고 얘기를 이어 갔어요.

"삼 년이 지난 뒤 큰스님이 그 집을 찾아와 주인한테 물었어. '이 소가 일을 잘합디까?' '아이고, 잘하다뿐이겠습니까. 이 소 덕분에 우리 집 재산이

몇 배나 늘었답니다.' 그제야 큰스님이 종이에 몇 글자를 써서 소한테 던졌어. 그러니까 소가 다시 사람이 되었지. 주인은 기겁해서 뒤로 나자빠졌어. 큰스님이 차근차근 설명해 주니까 주인이 '아이고, 그깟 벼 이삭 세 개 때문에 삼 년씩이나 소로 만드셨어요?' 하고 탄식을 했지. 큰스님은 허허허 웃으면서, '난 어렸을 때 쌀을 씻다가 쌀알 한 개를 흘린 죄로 삼 년 동안 일한 적도 있소이다. 거기에 견주면 이건 아무것도 아니지요.' 하더래."

이야기를 마친 영감이 사람들에게 물었어요.

"그 뒤로 동자승이 또 남의 곡식을 건드렸겠는가, 안 건드렸겠는가?"

"당연히 안 건드렸겠죠! 큰스님한테 그렇게 혼쭐이 났는데."

"이야기가 어땠어? 재미있었어?"

"예, 영감님. 아주 재미있었어요. 하나 더 해 주시오."

"아니, 이야기를 또 해 달라고? 이젠 정말 할 거 없어. 내 이야기보따리가 완전히 바닥났다니깐."

자상은 영감의 이야기 솜씨에 이끌려 자기도 모르게 툇마루를 올라가 방 안으로 들어갔어요. 사랑방 안에서는 사내들 대여섯 명이 빙 둘러앉아 새끼를 꼬거나 짚신을 삼고 있었지요. 또 마당에서는 아녀자들이

부지런히 손을 놀리며 길쌈을 하고 있었어요. 날은 추웠지만, 이야기를 듣고 싶어 하는 여자들을 위해 방문도 열어 두었던 거지요.

자상이 헤헤헤 웃으면서 넉살 좋게 인사를 건네자, 집주인이 고개를 갸웃거리며 물었어요.

"처음 보는 분 같은데, 뉘시오?"

"저기 큰길가의 역졸 집에서 귀양살이하고 있는 이자상이라고 합니다."

"아, 몇 년 전에 유배 왔다는 그 사람이구먼. 우리도 소문을 들어 알고 있었소이다. 그런데 왜 유배를 오게 됐소?"

자상은 웃으면서 원래 자신은 전기수였는데, 임금의 명으로 이곳에 유배를 오게 되었다고 얘기해 주었어요. 그러자 집주인이 고개를 끄덕이며 다시 말했어요.

"아하, 그 얼마 전까지 한양에서 유행했다는 이야기책 읽어 주는 사람이었구먼. 요새는 전기수 대신 판소리꾼이 인기가 좋다던데……. 그런데 댁은 무슨 이야기책을 잘 읽었소?"

"예, 주로 『심청전』을 많이 낭독했습니다."

"그건 우리도 익히 들었소이다. 혹시 다른 새로운 이야기책은 없소?"

"얼마 전에 제가 직접 『임경업전』을 짓기는 했지만, 아직까지 남들 앞에서 낭독해 보지는 않았습니다."

"댁이 이야기책을 직접 지었다고? 오, 정말 대단하구려! 어째 우리한테 한 대목이라도 들려줄 순 없겠소? 품삯은 섭섭하지 않게 주리다."

"근래 이야기판에 서 본 적이 없어서 제대로 못할 텐데……. 에잇! 좋다. 댁들한테 맨 먼저 『임경업전』을 낭독해 드릴 테니, 대신 이야기 값이나 넉넉히 주십시오."

사람들은 모두 좋아라 하며 크게 박수를 치고, 자상은 기억을 더듬어 가며 『임경업전』 중 임경업 장군이 병자호란 때 호장(청나라 장수) 용골대를 무찌르는 대목까지 거침없이 낭독했어요.

호장 용골대가 세자를 볼모로 잡아 의주에 이르니라. 임경업이 기다리다 용골대를 보고 분노하여 선봉장을 베어 없애고 적진으로 달려 들어가니, 적의 군졸들이 뜻밖의 변을 당하여 어찌할 줄 모르니라. 용골대가 멀리서 소리치기를,

"이제 우리가 너희 임금의 항복을 받고 세자를 잡아가거늘, 너는 무엇 때문에 이렇듯 항거하느냐?"

임경업이 꾸짖어 말하기를,

"너희 개 같은 놈들이 간사한 꾀로 나를 속이고 한양에 들어가 우리 임금을 핍박하고 세자를 붙잡아 간다 하니, 내가 부끄러워 무슨 면목으로 살기를 바라리오. 차라리 너희를 박살 내어 가슴속에 쌓인 한을 풀리라."

하고 적진을 향해 달려가니라.

자상은 자신이 임경업이라도 되는 양 허리에서 칼을 뽑고 말에 올라, "이럇!" 하고 소리치며 적진을 향해 달려가는 흉내를 냈어요. 그러자 듣고 있던 사람들이 두려워서 몸을 뒤로 젖히고 한마디씩 내뱉었지요.

"어어, 임경업 장군이 단단히 화나셨나 보다."

"용골대는 이제 뼈도 못 추릴 게다."

"간사한 오랑캐 놈들! 가서 싹 쓸어 버리시오!"

자상은 다시 자세를 바로 하고 계속 낭독했어요,

임경업이 말을 타고 달려 들어가 호병들을 무수히 죽이니, 적들이 혼비백산하여 어찌할 줄 모르더라. 이에 용골대가 한 가지 계교를 생각해 내어 급히 한양으로 사신을 보내더니, 임금의 조서를 받아 와 임경업에게 보내더라.

'그대의 충성심은 비록 태산같이 크나, 우리가 이미 항복했으니 이를 어찌하리오. 그만 길을 열어 보내라.'

임경업이 조서를 보고 하늘을 우러러 탄식한 뒤 적진에 들어가 용골대를 보고 세자를 보니, 세자가 임경업의 손을 잡고 말하기를,

"만일 그대가 미리 알았더라면 어찌 이런 환란이 있었으리오. 이는 다 운명이라. 그대는 힘을 다해 우리를 다시 궁궐로 돌아갈 수 있게 하라."

하며 슬피 통곡하니, 그 모습을 차마 보지 못하겠더라. 임경업도 울며 말하기를,

"신이 충성을 다하지 못해 나라가 이 지경이 되었으니, 백번 죽어도 아깝지 않사옵니다. 신이 죽기 전에 반드시 이 한을 갚겠사오니, 세자께서는 평안히 행차하소서. 신이 온 힘을 다해 곧 돌아오시게 하리이다."

세자가 칭찬하고 말하기를,

"우리의 목숨이 그대에게 달렸으니, 부디 충성을 다하라."

임경업이 세자를 모시고 압록강을 건너가니 그 모습이 참담하더라. 마침내 세자가 임경업의 손을 잡고 울면서 이별하니, 백성들도 한없이

슬퍼하더라.

자상이 세자와 임경업의 목소리를 번갈아 흉내 내며 슬프게 낭독하니, 방 안에 있는 사람들이 모두 슬퍼하며 눈물을 흘렸어요. 특히 집주인은 "세자께서 오랑캐 땅에 볼모로 끌려가시다니, 이 원통함을 장차 어찌 갚으리오?" 하면서 울분을 터뜨렸어요.

이윽고 자상이 『임경업전』을 모두 낭독하자, 사람들은 크게 박수를 치며 한마디씩 칭찬했어요.

"야! 이렇게 재미있는 이야기는 난생처음 들어 보네."

"어쩜 저렇게 책을 안 보고도 잘 낭독할 수 있을까? 정말 타고난 이야기꾼일세."

"앞으로 한양에 올라가 거리에서 낭독하면 사람들한테 정말 인기가 많겠소. 조선 최고의 전기수가 되겠구려."

그런데 아까 옛이야기를 들려주던 영감만이 걱정스러운 표정으로 무겁게 입을 열었어요.

"여보게, 내 말 잘 듣게나. 자네가 지었다는 『임경업전』은 여느 이야기책과 달리 비극적으로 끝나서 영 마음에 걸리네. 자칫 잘못하면 아주 큰일이 날 수도 있겠어. 그러니 너무 깊이 빠져서 낭독하지는 말게나. 너무 실감 나게 흉내 내며 낭독하지 말란 얘길세. 내 말을 꼭 명심해 두게나."

하지만 자상은 자기 이야기가 사람들에게 좋은 평을 받았다는 기쁨에 그 말을 별로 귀담아듣지 않았어요.

이날 자상은 이야기 값으로 곡식과 반찬거리를 넉넉하게 받아 역졸의 집으로 돌아왔어요. 그는 하루빨리 유배에서 풀려나 한양으로 돌아가 거리에서 『임경업전』을 낭독할 수 있기를 바랐어요.

백성들에게 영원히 남을 비운의 장수 이야기
임경업전

『임경업전』은 실제 인물인 임경업 장군의 행적을 소설로 만든 작품이에요. 임경업은 인조 때의 명장이었는데, 병자호란이 일어나자 청나라에 가장 용감하게 대항한 인물이었어요. 하지만 불행하게도 간신들의 모함 때문에 억울한 죽음을 당하고 말았어요. 그래서 이를 슬퍼한 사람들이 소설로 만들어 널리 퍼뜨렸답니다.

임경업 장군의 행적이 담긴 소설

『임경업전』은 실제 인물인 임경업 장군의 이야기예요. 임경업은 조선 인조 임금 때 병자호란이 일어나자 백마산성에서 청나라 군대와 당당히 맞서 싸웠어요. 이에 청나라는 백마산성을 포기하고 곧장 한양으로 진격했지요. 인조 임금은 한양을 버리고 남한산성으로 피신했지만, 1637년에 결국 굴욕적인 항복을 하고 말았어요.

한강 변에 있던 삼전도에서 인조는 청나라 황제 태종 앞에 나아가 항복 의식을 치렀다.

억울한 누명을 쓰다

임금이 항복한 뒤에도 임경업은 명나라로 건너가 계속 청나라와 맞서 싸웠어요. 끝내 임경업을 사로잡은 청나라는 임경업을 조선으로 보내면서 은근히 처치해 줄 것을 바랐어요. 청나라의 뜻을 알아차린 간신 김자점은 임경업에게 역적이라는 누명을 씌워 죽게 만들었어요.

백성들의 마음속에 남은 임경업 장군

백성들은 청나라에 대항했던 임경업의 죽음을 몹시 슬퍼했어요. 백성들 사이에서는 그에 관한 설화도 수없이 생겨났지요. 소설 『임경업전』도 이 무렵에 만들어졌어요. 이처럼 당시 백성들은 임경업이 살았을 때는 자기들을 구해 줄 영웅으로 여겼고, 임경업이 죽은 뒤에는 제사를 지내거나 이야기로 만들어 위안을 삼았답니다.

임경업 장군의 초상화

소설 속 역사

병자호란은 어떤 전쟁이었나요?

병자호란은 1636년(병자년)에 청나라가 조선에 쳐들어온 전쟁이에요. 유목 민족이 세운 청나라는 청나라와 조선이 임금과 신하 나라의 관계를 맺어야 한다고 요구했고, 조선은 명나라를 배신하고 청나라를 섬길 수 없다며 거부했어요. 그러자 청나라의 황제 태종이 20만 대군을 거느리고 쳐들어온 것이지요. 이때 인조는 삼전도에서 항복했고, 세자들은 볼모로 잡혀갔어요. 그 뒤로 조선에서는 병자호란의 수치를 씻고자 청나라를 치자는 '북벌론'이 크게 일어났어요.

북벌론을 주장한 유학자 송시열

전기수의 시절은 흘러가 버렸나

자상은 몇 년 만에 유배에서 풀려나 다시 한양으로 올라왔어요. 어느덧 그의 나이도 중년에 가까워졌고, 또 그동안 고생한 탓에 귀밑머리가 하얗게 세어 있었어요.

자상은 한양에 도착하자마자 바로 삼청동에 있는 자기 집을 찾아가 봤어요. 한데 어떤 낯선 여인이 대문을 빼꼼 열고 내다보더니 잔뜩 경계하는 눈빛으로 말했어요.

"이 집 어머니가 세상을 떠난 후에 큰딸은 멀리 지방으로 시집을 가고, 작은딸은 궁녀로 들어갔다고 합디다."

그 말에 자상은 누이들의 처지를 떠올리며 한없이 눈물을 흘렸어요.

자상은 어쩔 수 없이 발길을 돌려 동대문 밖에 있는 선화의 집을 찾아갔어요. 선화도 예전의 귀엽고 활달한 모습은 어디론가 사라지고, 단아하고 원숙한 여인의 분위기를 풍겼지요. 자상은 그동안 자기를 뒷바라지해 준 선화에게 고맙고 미안한 마음이 들어 한동안 말없이 그녀의 얼굴만 바라보고 있었어요.

자상은 선화와 부부가 되어 날마다 저잣거리에 나가 이야기책을 낭독했어요. 오랫동안 전기수 일을 쉬었다가 다시 시작해서인지 그의 목소리는 매우 둔탁했고, 표정이나 몸짓도 자연스럽지 않고 억지로 꾸며 낸 것처럼 보였어요. 게다가 예전의 전성기에 견주면 이즈음 전기수의 인기는 많이 시들해져 있었어요. 특히 판소리가 널리 유행하면서 그보다 단조로운 전기수의 이야기책 낭독은 사람들에게 큰 관심을 끌지 못했어요.

하루는 한양 북부 가회동 유 참판댁이 환갑잔치를 벌인 뒤 밤에 판소리꾼을 불러「흥보가」를 소리한다기에, 자상도 일찌감치 낭독을 끝내고 구경하러 갔어요. 도대체 판소리꾼은 어떻게 소리를 하고, 사람들에게 얼마나 인기가 높은지 자기 눈으로 직접 확인하고 싶었기 때문이에요.

유 참판댁의 넓은 마당에는 군데군데 커다란 횃불이 밝혀져 있고, 높은 대청마루에는 유 참판 부부를 중심으로 그 자식들이 좌우로 나뉘어 길게 앉아 있었어요. 마당은 구경하러 온 사람들로 발 디딜 틈이 없었고, 이웃집에서 담 너머로 구경하는 사람들도 있었어요.

얼마 안 있어 옥색 두루마기를 깔끔하게 차려입은 판소리꾼이 북을 치는 고수와 함께 집 안으로 들어왔어요. 그들은 먼저 주인 유 참판에게 인사부터 올렸어요.

"영감마님, 환갑을 축하드리옵니다."

"고맙네. 오늘 좋은 소리 한 가락 부탁하네."

유 참판은 그들에게 술 한 잔씩을 내리며 정중하게 말했어요.

이윽고 판소리꾼은 마당 가운데에 깔려 있는 멍석 위에 올라서고, 고수도 그 곁에 북을 놓고 앉았어요. 그러자 웅성거리던 사람들이 일제히 입을 다물고 두 사람에게 집중했지요. 드디어 판소리꾼이 고수의 북장단에 맞춰「흥보가」를 소리하기 시작했어요.

판소리꾼은 상황을 설명할 때는 아니리(말)로 하고, 창(노래)을 할 때는 진양조와 중모리, 중중모리, 자진모리, 휘모리 같은 여러 장단에 맞추어 구성지게 들려주었어요. 또 판소리꾼은 창을 하면서도 계속 너름새(연기)를 해서 이야기를 더욱 실감 나게 들려주었지요. 뿐만 아니라 청중도 판소리꾼이 창을 하는 사이사이에 '얼씨구', '좋지', '흥', '잘한다' 하며 온갖 추임새(감탄사)를 넣어서 소리판의 흥을 더욱 북돋웠어요.

어느새 판소리꾼은 「흥보가」 중에서 흥보 가족이 박 타는 대목을 소리하고 있었어요. 그는 먼저 아니리로 흥보 가족이 박 타는 상황을 설명해 주었어요.

흥보가 지붕으로 올라가서 박을 톡톡 튕겨 보니, 팔구월 찬 이슬에 박속이 꽉꽉 여물었구나. 박을 따다 놓고, 흥보 내외가 자식들 데리고 톱을 걸고 박을 타는데.

그런 다음 가장 느린 장단인 진양조로 흥보가 자식들과 함께 톱질하는 장면을 노래했어요.

시르렁 실근, 톱질이로구나. 에이 여루 당겨 주소. 이 박을 타거들랑 아무것도 나오지 말고 밥 한 통만 나오너라. 밥이 평생 한이로다. 에이 여루 당겨 주소. 시르르르르르르르르. 큰자식은 저리 가고, 둘째 놈은 이리 오너라. 우리가 이 박을 타서 박속은 끓여 먹고, 바가지는 부잣집에 팔아먹자.

판소리꾼은 다시 아니리로 박 안에서 쌀과 돈이 쏟아져 나오는 상황을 설명해 주었어요.

　흥보가 박 안의 궤짝을 보니, '박흥보 열어 보시오.'라고 딱 새겨 있겠다. 흥보가 혼자서 묻고 답하며 궤짝을 여는데,
　"나보고 열어 보랬지. 암, 그렇고말고. 열어 봐도 괜찮다지? 암, 그렇고말고."
　한 궤짝을 찰칵찰칵 번쩍 열어 보니 쌀이 수북수북. 또 한 궤짝을 찰칵찰칵 번쩍 열어 보니 돈이 수북수북. 그 궤짝을 비워 놓으니 도로 수북. 흥보 마누라는 쌀을 들고 흥보는 돈을 들고 비워 보는데, 휘몰이로 아주 빠르게 비워 보겠다.

　그러자 청중이 입을 크게 벌리고 부러워하는 표정으로 한마디씩 내던졌어요.
　"아, 정말 좋겠다! 그 돈 좀 나눠 주면 안 되겠소."
　"죽어도 좋으니, 나도 저렇게 돈벼락이나 한번 맞아 봤으면 좋겠다."
　"예끼, 이 사람아! 아무리 돈이 많아도 죽으면 무슨 소용인가. 죽으면 다 소용없지."
　판소리꾼은 이제 청중을 놀리는 투로 흥보 가족이 돈을 보고 좋아라고 춤을 추는 장면을 약간 빠른 장단인 중중모리로 노래했어요.

얼씨구나 좋을시고, 얼씨구절씨구 지화자 좋구나. 돈 봐라, 돈 봐라, 얼씨구나 돈 봐라. 잘난 사람은 더 잘난 돈, 못난 사람도 잘난 돈. 사람을 죽이고 살리는 돈, 부귀공명이 붙은 돈, 이놈의 돈아, 아나 돈아, 어디를 갔다가 이제야 오느냐. 얼씨구나 돈 봐라. 야, 이 자식들아, 춤춰라. 어따, 이놈들아, 춤을 추어라. 이런 경사가 세상에 어디 있느냐. 얼씨구나 좋을시고.

판소리꾼이 이렇게 '돈타령'을 부르면서 부채를 펼쳐 들고 흥겹게 춤을 추니, 구경하던 사람들도 마치 자기가 돈벼락을 맞은 것처럼 어깨를 들썩이며 흥겹게 춤을 추었어요.

초저녁에 시작된 소리판은 새벽녘이 되어서야 겨우 끝났어요. 판소리꾼이 형 놀보가 개과천선하여 동생 흥보와 함께 화목하게 살았다고 하면서 소리를 마치자, 구경하던 사람들이 모두 손뼉을 치며 환호성을 질렀어요. 판소리꾼이 집으로 돌아간 뒤에도 사람들은 소리판의 여운을 아쉬워하며 한동안 자리를 뜨지 못했지요.

이날 자상은 판소리의 위력을 비로소 실감했어요. 전기수의 단순한 이야기책 낭독과 달리 판소리는 창과 아니리, 너름새, 추임새가 하나로 어우러진, 그야말로 입체적이고 종합적인 예술이었던 거예요. 그러면서 전기수의 시대가 이제 서서히 지나가고 있다는 것을 느꼈어요.

하지만 자상은 결코 포기할 수 없었어요. 예전에 아버지에게 했던 약속이 있었기 때문이에요.

'꼭 최고로 유명한 전기수가 되고 말겠습니다!'

자상은 날마다 더욱 열정적으로 낭독하며 전기수들의 옛 영광을 되찾으려고 노력했어요. 예전처럼 문장에 가락을 붙여 유창하게 낭독할 뿐만 아니라, 등장인물의 행동과 말투를 흉내 내며 더욱 실감 나게 낭독했어요. 그래서일까요? 날이 갈수록 청중이 조금씩 늘어나기 시작했어요. 또『임경업전』이 비운의 장수 이야기라서 그런지, 뜻밖에 많은 사람들에게 인기를 끌었어요.

열혈 청중

이즈음 자상의 이야기판에는 어떤 이상한 청년이 날마다 따라다녔어요. 그는 빗자루를 들고 가장 먼저 도착해 자상이 낭독할 자리는 물론이고 청중이 구경할 자리까지 깨끗이 쓸어 두었어요. 그러고는 맨 앞에 앉아 자상의 낭독에 푹 빠진 채 가끔씩 소리를 지르거나 팔을 휘두르는 등 이상한 모습을 보였어요.

여느 때처럼 이날도 자상은 왼손에『임경업전』을 펼쳐 들고, 오른손에 부채를 들고서 온갖 동작을 연출하며 이야기책을 낭독하기 시작했어요. 청중은 시간이 흐를수록 자상의 이야기에 푹 빠져들어 숨소리조차 내지 않았어요.

이야기는 어느새『임경업전』의 절정 부분으로 치닫고 있었어요. 청나라에 잡혀갔던 임경업이 무사히 조선으로 돌아오자, 간신 김자점이 그를 죽이려 하는 대목이었지요.

　　이때 간신 김자점이 권세가 대단하여 장차 임금께 반역할 마음을 품고 있더니, 문득 임경업이 돌아온다는 소식을 듣고 생각하기를,
　'임경업이 돌아오면 나의 일이 잘못되리라.'
　그리하여 임금 앞에 나아가 아뢰기를,
　"임경업은 천하의 역적이옵니다. 임금의 명을 듣지 않고 중국 남경에 들어가 우리 조선을 침입하려 했으니, 그자가 압록강을 건너오거든 잡아다가 사형에 처하시옵소서."
　하더라.

그러자 맨 앞에 앉아서 넋을 빼고 듣고 있던 청년이 벌떡 일어서더니, 여느 때처럼 자상을 향해 삿대질을 하며 소리쳤어요.
　"야, 이 간신 김자점 놈아! 우리 임경업 장군이 언제 조선을 배반했느냐? 거짓부렁 말거라!"
　하지만 자상은 살짝 웃으면서 청년을 안심시켰어요.
　"허허, 너무 걱정하지 말게. 임금께서 어찌 간신과 충신을 구별하지 못하겠는가."
　자상은 청년이 날마다 자기 이야기판을 청소해 주고 맨 앞에 앉아 열성적으로 낭독을 들어 주는 것은 고맙

지만, 때때로 이야기에 너무 깊이 빠져든 탓에 지나친 행동을 보일 때는 조금 무서운 생각도 들었어요.
　자상은 "흠흠!" 하고 목소리를 가다듬고는 계속 낭독했어요.
　임금이 크게 노하시어 명하기를,
"임경업은 만고의 충신이라. 만일 그를 모함하는 자가 있으면 역모 죄로 다스리겠노라."

김자점이 다시 거짓으로 명령서를 만들고 무사들을 보내어 임경업을 잡아오라 하니, 조정의 신하들이 김자점의 권세를 두려워하여 감히 말하는 자가 없더라.

자상은 잠시 이야기를 멈추고 청중을 향해 물었어요.
"나라의 녹봉을 받는 신하들이 이렇게 비겁해서야 되겠소, 안 되겠소?"
"안 돼요! 임금의 신하 된 자들이 그렇게 비겁하면 결국 나라가 망하고야 말겠지요."
"그렇지! 모름지기 신하들은 용감해야 하고, 특히 불의를 보고도 비겁하게 가만있어서는 절대로 안 되는 법이오. 다들 알겠소?"
"예!"
자상은 청중에게 이렇게 말하고는 계속해서 『임경업전』을 낭독했어요.

그때 임경업이 압록강을 건너오는데, 문득 간신 김자점이 보낸 무사들이,
"그대는 어디로 가시오. 임금의 명을 받들어 그대를 잡으러 왔소."
하고 일시에 달려들어 묶더니 수레에 싣고 가니라. 임경업은 억울하여 하늘을 보고 탄식할 뿐이더라.

그러자 청중은 모두 가슴을 치거나 길게 한숨을 내쉬고, 간신 김자점을 향해 욕설을 퍼붓기도 했어요.

임경업이 의주에 다다르니, 백성들이 그가 온다는 소식을 듣고 술과 안주를 갖추어 기다리다가 임금의 명으로 잡혀감을 보고,

"우리 장군께서 어찌하여 이 지경이 되셨을꼬?"

하며 눈물을 흘리니라. 임경업도 그 광경을 보고 슬픔을 참지 못하고 눈물을 흘리며,

"너희들은 모두 잘 있거라. 나는 억울하게 잡혀가노라."

하니라.

자상이 임경업처럼 눈물을 흘리며 비장한 목소리로 말하니, 청중도 모두 눈물을 흘리며 분통을 터뜨렸어요. 그때 청년이 더는 분을 못 참고 자리에서 벌떡 일어나 자상을 향해 소리쳤어요.

"에잇, 내 언젠가는 간신 김자점을 죽여 분을 풀고 말리라!"

선화는 그 청년이 정말 무슨 일을 벌이기라도 하면 어쩌나 못내 걱정스러웠어요.

이야기를 끝맺게 해 주시오

이튿날 오후 자상은 선화와 함께 종각 앞의 이야기판으로 나갔어요. 이즈음 자상은 예전의 스승 김옹처럼 종로의 이야기판을 엿새 단위로 오르내리며 이야기책을 낭독했어요. 그런데 아침부터 잔뜩 흐리던 날씨가 오후에

들어서자 금방이라도 비를 뿌릴 것 같았어요.

"흐음, 오늘은 날이 좀 흐린 것 같소."

"그러게요. 금방 비가 올지도 모르니, 오늘은 낭독을 쉬는 게 어떨까요?"

"오늘까지만 낭독하고 얼마간 쉬기로 했잖소. 그러니 설령 비가 오더라도 어떻게든 낭독을 해야 하지 않겠소. 사람들한테 마지막 인사도 해야 하고 말이오."

두 사람이 부부가 된 지 얼마 안 돼 선화가 곧바로 아이를 가졌어요. 그리고 출산일이 점점 다가오자, 자상은 오늘까지만 낭독하고 당분간 쉬기로 했어요. 선화는 왠지 기분이 께름칙했지만 말없이 자상을 따라갔어요.

종각 앞에 도착하니, 오늘도 그 청년이 미리 와서 이야기판을 깨끗이 청소하고 있었어요. 선화가 그 청년을 보고 먼저 웃는 얼굴로 인사했어요.

"오늘도 나오셨네요?"

"그럼요. 제가 어찌 안 나올 수 있겠습니까? 우리 임경업 장군이 위기에 빠졌는데……."

그런데 오늘따라 청년은 혼자서 중얼거리는 등 평소보다 더욱 이상한 행동거지를 보였어요.

"에이! 오늘은 비 오면 안 되는데……. 이게 다 간신 김자점 때문이야. 그자가 임경업 장군을 모함한 탓에 하늘이 원망해서 비를 내리는 거라구. 어서 빨리 그자를 처치해서 임경업 장군을 구해야 하는데……."

자상이 이야기판에 서자, 사람들이 하나둘 모여들기 시작했어요. 궂은 날씨에도 아랑곳없이 이날따라 유독 많은 사람들이 몰려들었지요. 주변에서 뛰어놀던 아이들, 장기나 바둑을 두던 노인들, 시장을 보러 나온 아저씨와 아주머니들, 길을 가던 나그네까지 몇십 명의 사람들이 이야기판을 빙 둘러서 앉거나 서 있었어요.

그런데 자상이 막 이야기책을 낭독하려는 순간, 하늘에서 빗방울이 떨어지는 게 아니겠어요. 자상은 금방 멈추겠지 싶어 그냥 낭독하려 했지만, 비는 오히려 후드득 소리를 내며 점점 더 거세졌어요. 굵은 빗방울이 떨어지자 사람들은 어찌할 바를 몰라 우왕좌왕했어요.

바로 그때, 어떤 사람이 건너편에 있는 담배 가게의 천막을 가리키며 소리쳤어요.

"저기 천막 밑으로 가서 합시다!"

사람들이 벌써 그리로 몰려가는 바람에 자상도 선화와 함께 어쩔 수 없이 그 뒤를 따라갔어요.

담배 가게 앞에는 제법 커다란 천막이 쳐져 있어서 그 많은 사람들이 비를 피하기에 충분했어요. 자상이 다시 낭독할 준비를 하는데, 청년은 마구잡이로 사람들 사이를 헤집고 들어와 맨 앞자리를 차지하고 앉았어요. 사람들은 청년의 그런 행동에 눈살을 찌푸리기도 했어요.

이윽고 자상은 먼저 청중에게 작별 인사부터 했어요.

"여러분, 오늘이 마지막 낭독이 될 것 같소."

그 말에 사람들이 놀란 표정을 지으며 소리쳤어요.

"아니, 왜 갑자기 낭독을 그만둔다는 겁니까? 조정에서 또 전기수를 탄압한다 그럽디까?"

"그럼 이제 우린 어디 가서 이야기책 읽는 소리를 듣는단 말이오? 우리 같은 까막눈이도 배워야 잘 살 수 있다고 하지 않았소. 그럴 땐 언제고……. 정말 너무하는구먼."

그러자 자상이 손을 내저으며 자세히 풀어 일렀어요.

"그게 아니라 내 아내가 출산을 코앞에 두고 있기 때문이라오. 잠시 동안 쉬는 것이니 너무 걱정하지 마시오."

"아, 좋은 소식이었구먼!"

사람들은 누가 먼저랄 것도 없이 일제히 큰 박수를 보내 주었어요.

자상은 다시 『임경업전』을 낭독했어요. 구성진 목소리로 문장에 가락을 붙여 읽되, 때때로 자기가 등장인물이 되어 그들의 말투와 표정, 몸짓 등을 흉내 내며 그야말로 혼신의 힘을 다해 낭독했지요. 자상은 임경업이 되었다가, 청나라 장수 용골대가 되었다가, 간신 김자점이 되기도 했어요.

청중은 임경업이 싸움에서 이기면 환호성을 지르고, 청나라에 잡혀갈 때는 안타까워 탄식하기도 하고, 간신 김자점의 모함으로 감옥에 갇힐 때는 가슴을 치며 분통을 터뜨리기도 했어요. 이렇게 자상과 청중은 점점 한 몸이 되어 가고 있었지요. 천막 밖에서는 비가 점점 거세지고 있었고요.

마침내 간신 김자점이 임경업을 죽이는 대목에 이르자, 모든 사람들의 감정은 최고조에 다다랐어요.

이때 김자점이 분노하여 군사들을 거느리고 성 밖에 숨어 있으니, 임경업이 대궐에서 나오는지라. 김자점이 철퇴를 들어 임경업을 향

해 사정없이 내리치니, 이때는 해 질 녘이요 또 무심히 나오다가 갑자기 일을 당하니 비록 용맹한 장수이나 어찌 막으리오. 임경업이 철퇴를 맞아 속절없이 쓰러지니라. 슬프다! 충신 임경업이 간신 김자점에게 당해 죽을 줄 어찌 알았으리오. 이때 임경업의 나이 오십삼 세더라.

 자상은 안타까운 표정으로 한없이 눈물을 흘렸어요. 청중도 모두 진짜 누가 죽기라도 한 것처럼 손으로 땅바닥을 내리치면서 "아이고, 아이고!" 하며 통곡했지요.
 그때 맨 앞에 앉아 있던 청년이 벌떡 일어나 담배 가게 안으로 들어가더니, 담배 써는 칼을 들고 나왔어요. 그러고는 대번에 자상의 등을 칼로 찌르고 말았어요. 그러면서 청년은 큰 소리로 말했어요.
 "네놈이 김자점이더냐! 간신 김자점은 만 번 죽어도 아깝지 않다!"
 워낙 눈 깜짝할 사이에 벌어진 일인 데다 사람들은 이야기에 푹 빠져 있어서 아무도 눈치채지 못하고 있었지요.
 자상이 문득 이야기를 멈추자, 사람들은 요전법인 줄 알고 저마다 돈을

꺼내 앞으로 던지기 시작했어요. 이날따라 자상이 더 열정적으로 낭독해서 그런지 사람들은 평소보다 많은 돈을 던져 주었어요.

하지만 선화는 무슨 일이 일어났다는 걸 알아차렸어요. 자상이 땀을 뻘뻘 흘리며 고통스러워하고, 청년이 놀란 표정으로 어디론가 허겁지겁 달아나고 있었거든요.

깜짝 놀란 선화가 앞으로 나가 낭독을 중단시키려 하자, 자상이 간절한 눈짓을 보냈어요.

'이야기를 끝맺게 해 주시오.'

그러고는 『임경업전』을 마저 낭독해 갔어요.

 이튿날 새벽, 한 사람이 궁궐에 들어가 세자께 아뢰기를,

"임경업이 어젯밤에 성문을 나가다가 김자점에게 해를 입고 명을 마쳤다고 하더이다."

세자가 그 말을 듣고 한참 동안 얼빠진 듯이 있다가 눈물을 흘리며,

"이 어찌 된 일이냐?"

담배 가게 살인 사건

18세기 정조 임금 때 어떤 전기수가 종로의 담배 가게 앞에서 『임경업전』을 낭독하고 있었어요. 그런데 간신 김자점이 임경업에게 누명을 뒤집어씌워 죽이는 대목에 이르자, 청중 가운데 한 남자가 눈을 부릅뜨고 입에 거품을 물고는 담배 써는 칼을 들고 나와 소리쳤어요.

"네가 김자점이더냐!"

그러고는 칼로 찌르니, 전기수가 그 자리에서 죽고 말았대요. 전기수가 이야기책을 너무 실감 나게 낭독한 탓에 그 남자가 전기수를 김자점으로 착각해 버린 것이지요. 이 사건을 전해 들은 정조 임금은 이렇게 말했대요.

"세상에는 종종 이런 허무맹랑한 죽음도 있으니 가소롭다."

하시며 즉시 승지를 보내어 자세히 알아 오라 하시니, 승지가 즉시 다녀와서 아뢰기를,

"임경업이 죽은 게 확실하옵니다."

하더라.

세자가 슬프고 분노하여 즉시 임금께 그 사실을 아뢰니, 임금께서 들으시고 크게 놀라 통곡하시며 날이 새기를 기다리시더라.

임경업이 결국 죽었다는 얘기에 사람들은 아까보다 더 크게 통곡했어요. 이윽고 낭독이 모두 끝나 사람들이 하나둘씩 자리를 뜰 때, 자상은 얼굴빛이 파랗게 변하더니 그 자리에서 앞으로 고꾸라졌어요. 하지만 그의 얼굴은 이상하리만치 편안하고 흐뭇해 보였어요.

전기수의 후예

"어머니! 들어 보세요. 제가 재미있는 이야기책 읽어 드릴게요."

대여섯 살 되어 보이는 사내아이가 삯바느질하는 어머니 앞에 서서 책도 없이 낭독을 하려고 했어요.

"무슨 이야기를 들려줄 건데?"

"『임경업전』이요!"

그 말에 어머니는 움찔 놀라다가, 이내 온화한 표정으로 말했어요.

"책도 없이 낭독할 수 있겠니?"

"그럼요! 어머니께서 하도 많이 들려주셔서 내용을 다 외워 버린걸요."

사내아이는 마치 전기수처럼 자리에 서서 낭랑한 목소리로『임경업전』을 처음부터 들려주었어요.

그때 조선국 충청도 충주 땅에 한 사람이 있었으니, 성은 임이요, 이름은 경업이라. 어려서부터 열심히 공부하더니 일찍이 아버지를 여의고 지극한 효성으로 어머니를 섬기니, 이웃 사람들이 모두 칭찬하더라. 임경업은 포부가 커서 항상 말하되,

"남자가 세상에 태어나 마땅히 충성으로 임금을 섬겨 이름을 널리 떨쳐야지, 어찌 부질없이 풀이나 나무처럼 썩으리오."

하더라.

아직 어린데도 아이는 제법 구성지고 유창하게 낭독했어요.

"옳지, 잘 읽는다! 우리 아들은 나중에 커서 뭐가 될꼬?"

"거리에서 이야기책을 읽어 주는 전기수가 될 거예요!"

"전기수?"

"예. 전기수가 되어 사람들에게 재미난 이야기를 많이 들려주고 싶어요."

어머니는 잠시 바느질을 멈추고 아이 얼굴을 한참 동안 올려다보았어요. 문득 아이의 해맑은 모습과 남편 자상의 열정적인 모습이 서로 겹쳐 보였어요. 어머니와 눈이 마주치자, 아이도 방긋이 웃었어요.

• 맺음말 •

21세기는 이야기 시대이다

사람들에게 꼭 필요한 이야기

여러분, 혹시 「임금님 귀는 당나귀 귀」라는 이야기를 아시나요? 모자 장인이 어느 날 임금의 모자를 만들다가 임금의 귀가 당나귀 귀처럼 생겼다는 사실을 알게 되었어요. 임금은 모자 장인에게 이 사실을 아무에게도 말하지 말라고 엄하게 일렀어요. 모자 장인은 그 사실을 말하고 싶어 안달이 났지만, 그럴 수가 없었지요. 모자 장인은 가슴이 점점 답답해지더니 나중에는 병까지 났어요. 다행히 아무도 없는 대나무 숲에 가서 "임금님 귀는 당나귀 귀다!"라고 소리치고 나자, 병이 다 나았지요.

 사람들은 항상 이야기를 하거나 듣고 싶어 해요. 그러지 못하면 몹시 답답해하고, 심지어 병이 나기까지 하지요. 임금님의 우습게 생긴 귀를 본 모자 장인처럼요.

 사람에게 이야기는 물, 공기, 음식, 집, 옷처럼 없어서는 안 될 소중한 것이에요. 왜냐하면 이야기를 하거나 듣는 일은 밥을 먹거나 잠을 자는 것처럼 인간의 본능적인 욕망이기 때문이에요.

우리 조상들은 이야기에서 삶의 지혜를 배우곤 했어요. 특히 어릴 때 신화나 전설, 민담 같은 재미있는 이야기를 들으면서 세상을 살아가는 데 필요한 지혜를 배우고, 또 그것들을 다른 방식으로 바꾸어 퍼뜨리면서 이야기를 지어내는 힘을 길러 왔답니다.

　또한 이야기는 상상의 놀이터이기도 했어요. 이야기꾼은 이야기 속에서 세상 사람들이 치열하게 살아가는 모습을 그리는가 하면, 저 멀리 구름 너머의 자유로운 환상 세계를 만들어 내기도 했거든요. 그래서 듣는 사람을 때로는 슬프게 울리기도 하고, 때로는 통쾌하게 웃게 만들면서 재미와 감동을 주었지요.

　우리의 역사도 이야기를 통해 전해져 왔어요. 문자가 발명되기 전에는 마을 어른들이 입에서 입으로 씨족이나 부족의 역사를 후대에 전했고, 문자가 발명된 뒤에는 민족이나 국가의 역사를 이야기 형태로 기록해서 남겼지요. 삼국 시대의 역사를 기록한 『삼국유사』나 『삼국사기』, 조선 시대의 역사를 기록한 『조선왕조실록』 같은 역사책도 모두 이야기 형태로 쓰여 있어요.

　어쩌면 우리는 이야기와 함께 일생을 살고 있다고 해도 지나치지 않을 거예요. 여러분도 한번 생각해 보세요. 어릴 적에 할아버지와 할머니가 들려주시던 옛날이야기, 잠들기 전에 부모님이 읽어 주시던 그림책 속의 이야기, 유치원 선생님의 구연동화……. 좀 더 커서는 친구들과의 수다, 인터넷이나 휴대 전화를 이용한 채팅, 그 밖에도 드라마라든가 영화, 공연, 게임 속의 스토리 등 우리 생활에는 늘 이야기가 함께해 오고 있잖아요.

사라져 버린 전기수

조선 시대 후기에는 한양의 저잣거리나 다리 밑, 담배 가게, 약방, 활터, 주막 같은 곳에서 전기수가 이야기책을 낭독하는 모습을 흔히 볼 수 있었어요. 또 그 무렵에 전기수는 우리나라뿐 아니라 중국, 일본, 쿠바, 유럽 등 세계 여러 지역에도 있었어요.

  전기수는 조선 시대에만 있었던 것이 아니에요. 일제 강점기에는 소설책을 파는 장사꾼들이 손님을 끌기 위한 수단으로 소설을 읽어 주었지요. 또 1960년대에는 경상북도 영주와 봉화, 영양 등에서 '글패'라는 무리가 함께 돌아다니며 책을 팔기 위해 소설을 읽어 주기도 했어요. 그들은 장날이면 옹기전이나 나무전 앞에서 선비의 상징인 정자관을 쓴 채 소설을 앞에 펼쳐 놓고 큰 소리로 읽으면서 손님들을 끌었어요. 그런 이야기꾼 가운데 정규헌 할아버지는 1960년대 후반까지도 『춘향전』, 『심청전』, 『조웅전』, 『장

끼전』 같은 소설을 외워서 사람들에게 불려 다니며 읽어 주었다고 해요.

전기수가 우리 곁에서 사라지게 된 것은 라디오, 텔레비전, 영화 같은 대중 매체가 보급되면서부터였어요. 그 매체들은 전기수보다 더욱 풍성한 볼거리를 제공했는데, 그러다 보니 사람들이 전기수의 이야기를 점점 듣지 않게 된 것이지요. 또 현대에 들어 글자를 읽지 못하는 사람이 드물어지고 책이 흔해진 것도 전기수가 사라지게 된 까닭이었어요.

전기수의 부활을 꿈꾸며

우리 시대에도 전기수가 다시 나타나 이야기책을 낭독해 주면 참 좋겠어요. 학교 교실 같은 곳에서 여러 친구들이 빙 둘러앉아 전기수의 실감 나는 이야기책 낭독을 듣는다면 얼마나 좋을까요? 나쁜 사람이 나오면 "우!" 하고 함께 야유를 보내고, 주인공이 고난을 헤쳐 나갈 때는 "와!" 하고 박수치며 좋아하고, 가장 결정적인 대목에서 전기수가 이야기를 뚝 그쳤을 때는 "아!" 하고 함께 아쉬워하면서 말이에요.

그렇게 이야기를 재미있게 듣다 보면 자연스레 반 친구들과도 더 친해질 거예요. 또한 조선 시대에 전기수가 이야기책을 낭독해 준 덕분에 더 많은 사람들이 책을 읽게 된 것처럼, 우리도 전기수의 이야기를 듣다 보면 책을 더 많이 읽게 될 거라 믿어요.

거리의 이야기꾼 전기수

2013년 6월 28일 1판 1쇄
2017년 5월 26일 1판 3쇄

지은이 : 정창권
그린이 : 김도연

편집 : 최옥미·강변구
디자인 : 김지선
표지 제목 글씨 : 김여진
마케팅 : 이병규·최영미·이민정·최다은
제작 : 박흥기
출력 : 한국커뮤니케이션
인쇄 : 코리아피앤피
제책 : 정문바인텍

펴낸이 : 강맑실 | 펴낸곳 : (주)사계절출판사 | 등록 : 제406-2003-034호
주소 : (우)10881 경기도 파주시 회동길 252
전화 : 031) 955-8588, 8558
전송 : 마케팅부 031) 955-8595 편집부 031) 955-8586
홈페이지 : www.sakyejul.co.kr | 전자우편 : skj@sakyejul.co.kr
독자 카페 : 사계절 책 향기가 나는 집 cafe.naver.com/sakyejul
트위터 : twitter.com/sakyejul | 페이스북 : facebook.com/sakyejul

ⓒ 정창권, 김도연 2013

값은 뒤표지에 적혀 있습니다. 잘못 만든 책은 구입하신 서점에서 바꾸어 드립니다.
사계절출판사는 성장의 의미를 생각합니다. 사계절출판사는 독자 여러분의 의견에 늘 귀 기울이고 있습니다.
이 책은 저작권법에 따라 보호받는 저작물이므로 무단전재와 무단복제를 금합니다.

ISBN 978-89-5828-679-0 74910
ISBN 978-89-5828-647-9 (세트)

이 도서의 국립중앙도서관 출판시도서목록(CIP)은 e-CIP 홈페이지(http://nl.go.kr/ecip)에서 이용할 수 있습니다.
CIP제어번호 : CIP2013008610